2019年度山东省基础教育教学改革项目

"指向核心素养的初中化学实践性学习课程的开发与实践"（项目序号：3706041）核心成果

核心素养导向下

初中化学实践活动课程设计与实施

梁　青　葛东修　著

中国海洋大学出版社

·青岛·

图书在版编目（CIP）数据

核心素养导向下初中化学实践活动课程设计与实施 / 梁
青，葛东修著 . —青岛：中国海洋大学出版社，2021.12
ISBN 978-7-5670-3024-4

Ⅰ.①核… Ⅱ.①梁… ②葛… Ⅲ.①化学课－课程
设计－初中 Ⅳ.① G633.82

中国版本图书馆 CIP 数据核字（2021）第 242472 号

HEXIN SUYANG DAOXIANGXIA CHUZHONG HUAXUE SHIJIAN
HUODONG KECHENG SHEJI YU SHISHI

核心素养导向下初中化学实践活动课程设计与实施

出版发行	中国海洋大学出版社
社　　址	青岛市香港东路23号　　　**邮政编码**　266071
网　　址	http://pub.ouc.edu.cn
出 版 人	杨立敏
责任编辑	邹伟真　　　　　　　　　　**电　　话**　0532-85902533
电子信箱	zwz_qingdao@sina.com
印　　制	蓬莱利华印刷有限公司
版　　次	2021年12月第 1 版
印　　次	2021年12月第 1 次印刷
成品尺寸	185 mm × 260 mm
印　　张	11
字　　数	185千
印　　数	1 ~ 1000
定　　价	42.00元
订购电话	0532-82032573（传真）

目　录

绪 论

指向核心素养的初中化学实践活动课程开发与实践研究

党的十八大明确提出"把立德树人作为教育的根本任务"。2014年3月,《教育部关于全面深化课程改革落实立德树人根本任务的意见》强调把课程改革作为落实立德树人根本任务的一个重要抓手和突破口,并首次提出要研制学生发展核心素养体系,把核心素养落实到各学科教学中。随后,我国相继出台了《中国学生发展核心素养》和《普通高中各学科核心素养》。培养核心素养,践行"立德树人"正式摆在学校的面前。我们在尝试通过传统的初中化学教学落实核心素养时,发现日常的化学课堂教学存在着有些核心素养要素无法落实(缺位),或落实不充分、不到位(欠位),或落实有偏差(错位)等现象。究其原因:有对核心素养要素内涵认识不当的问题;有教学资源缺乏问题;有教学方式不合理问题;也有受课堂教学时空限制问题;更有将核心素养游离于课程之外、口号化、形式化等问题。为此,我们希望以课题研究的方式,研究核心素养的内涵及其与课程、教学的关系,并据此设置素养目标,重新开发一些新的课程资源,将讲授式教学改为实践活动式教学,教学场所不局限于课堂,而是扩大到课后、家庭和社会,即研究开发指向核心素养的初中化学实践活动课程。此课程作为校本课程,通过校本化实施,来弥补传统化学课堂教学在培养核心素养上的缺位、欠位、错位等问题,实现真正、全面落实核心素养的培养。

一、研究背景与意义

(一)研究背景及要解决的问题

1. 落实《中国学生发展核心素养》的需要

2016年9月《中国学生发展核心素养》的发布,确定了中国学生核心素养的总体框架。如何将学生发展核心素养落实到学校教学中去,成为教育部门、机构和学校急需解决的问题。我们烟台初中化学教研部门开始组织教师学习和解读《中国学生发展核心素养》,并引导辖区实验学校、教研员和教师去落实学生发展核心素养的培养目标。但在接下来对落实情况的调研中,我们发现,落实过程中存在四多四少的现象,即多在校园文化上落实，少在学科课程中落实；多在文本上落实，少在实践上落实；多从教师教上落实，少在学生主动学上落实；多在课内落实，少在课外落实。并且，即使是在化学课堂教学中，也存在着落实缺位、欠位、错位现象。这就导致学生发展核心素养落实不全面、不均衡、不充分且形式化。为解决这些问题，2017年，我们申请了山东省十三五年度规划课题——指向核心素养的初中化学实践活动课程的开发与实践，拟在初中化学学科内，依据义务教育课程标准，通过课内、课外实践活动课程的开发与实践破除"四多四少"现象，解决学生发展核心素养中的问题。

2. 落实中学化学学科核心素养的需要

2017年12月，教育部印发了新修订的《普通高中课程方案和各学科课程标准》。其中凝练出了学科核心素养，并把学科核心素养作为确定课程目标、遴选教学内容、设计教学活动的主要依据。由此，在国家层面，核心素养的落实开启了学科化战略。鉴于此，我们也将化学学科核心素养纳入研究课题中。虽然，义务教育化学学科核心素养还没有出台，但是，培养学生化学学科核心素养是所有阶段化学教育工作者的奋斗目标。初中与高中知识的连贯性、统一性，表现在化学学科核心素养上，都是对化学学科本质的总结，是不同层次的特点的综述，是上下衔接的，是具有连贯性的，是横向配合的。于是，我们借用普通高中化学核心素养，根据初中化学课程标准和教学内容，进行了微调，将"变化观念与平衡思想"改为"变化观念与守恒思想"。将微调后的普通高中化学核心素养纳入课题的"核心素养"之中，丰富了课题中"核心素养"的内涵和外延。这样，课题就是要通过实践活动的方式，落实"中国学生发展核心素养""化学学科核心素养"，弥补传统教学在这方面的不足。

（二）研究意义

1. 理论价值

1）要基于核心素养开发学习活动，通过学习活动达到核心素养的培养目标，必须要在研究过程中不断明确核心素养的内涵。本书的研究有利于从初中化学的角度认识学生发展核心素养和化学学科核心素养，丰富其内涵，建立与初中化学知识的联系。

2）如何在学科教学中全面落实核心素养，落实的效果如何评价，尤其是一些观念性的、情感态度价值观方面的核心素养，在学术上还不明确，还有许多问题需要解决。

3）开发怎样的实践活动既能培养学生的核心素养又能紧密结合学科教学，成为学科教学不可分割的一部分，需要一定的策略。本书丰富了这方面的策略。

4）核心素养中的很多要素也同时属于德育要素。本书对化学学科落实核心素养的研究，实际上也是在研究如何通过学科教学落实德育问题。

2. 应用价值

1）本书的研究，呈现了一个个既相对独立又与课本知识紧密相连的活动设计及评价，能为教师平时的课堂教学设计、作业设计、表现性评价设计等提供参考，也能为综合实践课程提供素材，具有广泛的应用价值。

2）核心素养的落实，不仅仅是对教学内容的选择和变更，更是以学习方式和教学模式的变革为保障的。本书的研究可以有效地改变初中化学的学习方式与教学模式，从以讲授为中心转变为以学习为中心，让学生的学习能够在真实的学习情景中发生并且展开。在学习方式和教学模式上，既具有理论价值，又具有应用价值。

（三）核心概念

1.核心素养

本书的核心素养包含两个方面，一方面是指"中国学生发展核心素养"，另一方面是指"高中化学学科核心素养"（其中的"变化观念与平衡思想"在本书中微调为"变化观念与守恒思想"）。"中国学生发展核心素养"以培养"全面发展的人"为核心，分为文化基础、自主发展、社会参与三个方面，综合表现为人文底蕴、科学精神、学会学习、健康生活、责任担当、实践创新六大素养，是所有学生应具有的关键、必需的共通素养。化学学科核心素养指的是学生形成对物质世界组成与变化的基本认识，形成科学世界观、科学精神、科学探究、实践创新与社会责任等核心素养，分为"宏观辨识与微观探析""变化观念与守恒思想""证据推理与模型认知""科学探究与创新意识""科学态度与社会责任"五个方面。化学学科核心素养是建立在"中国学生发展核心素养"之下的，与"中国学生发展核心素养"中的某些要素、要点紧密相关，是"中国学生发展核心素养"下某些方面的具体体现。在化学学科教学中要重点突出化学学科素养的培养和提升，但不是只培养和提升化学学科核心素养，《中国学生发展核心素养》中与化学核心素养关系不是很密切的也需要兼顾。因此，本书的核心素养，包含二者。这些核心素养有些在传统的课堂教学中很难被培养或被忽略，本书就是要研究如何通过实践活动来培养这些核心素养，尤其是那些在传统课堂教学中难以培养或被忽略的核心素养。

2.实践活动

实践活动是指根据教学目标、教学内容和学生的实际所开展的以学生感性活动或体验性活动为主的活动。实践活动包括观察、实验、调查、探究、科技制作、问题研讨、演讲表演、角色扮演、参观访问等，是学生相对独立的主体活动过程，不是教师教学活动的衍生和附属活动。相较于课堂教学，实践活动可以是课堂教学的预备活动，可以是课堂教学的一部分，也可以是课堂教学的补充。它既融入课堂教学之中，又相辅相成。在心理活动层面，实践活动不仅包括感知、记忆、思维等认知活动，还包括兴趣、动机、态度、情感等心理活动。因此，实践活动一方面让学生获取感性知识，深化课堂理性知识；另一方面通过体验性学习过程，培养学生分析和解决实际问题的能力，养成科学的情感、态度与价值观。实践活动也可以是一种学习方式，它具有主体性、体验性、综合性等诸多特点。它可以说是对以教师为中心、课堂为中心、书本为中心的教学弊端的一种纠正。

3.初中化学实践活动

初中化学实践活动是指根据义务教育化学课程标准、初中化学教学内容和初中学生的实际所开展的初中学生学习化学的感性活动或体验性活动。初中化学实践活动与综合实践活动既有联系，又有区别。两者的主要区别在于：综合实践活动课程属于经验课程的范畴，它基于学生的直接经验，面向学生自身的生活和社会生活实践，具有较强的开放性；而化学学科中实践活动是以化学学科知识为主来展开学习，也就是在化学课程领域中进行实践活动。当然，两者也有内在联系：一是都强调实践这种学习方式；二是终极目的都指向学生的个性的充分发展。初中化学实践活动能通过密切联系学生生活和社会实际的动手动脑的教学，转变单一的知识传授的教学和学习方式，有效地培养和发展学生解决问题的能力、探究精神和实践能力。

二、研究内容与过程

（一）研究内容

本书要研究的主要问题：在初中化学教学体系中，怎样设计、设计怎样的具有实践性的学习活动，来真正落实核心素养的培养目标。主要目标：通过化学实践课程的开发与实施，让核心素养的落实在初中化学学科教学中有可操作的载体和内容，使学生具备适应终身发展和社会发展需要的必备品格和关键能力，实现学科的育人价值。

1. 研究内容

研究指向中国学生发展核心素养内容和框架体系下的初中化学核心素养的内涵、外延（包括内容要点的内涵、外延）以及研究实践活动的类型、实施方法。研究初中化学传统课程对核心素养培养存在的缺位、欠位、错位等情况，开发出能补充和强化培养学生核心素养的初中化学实践课程。研究可作为培养核心素养载体的更适合的教学资源。研究能有效提升核心素养的实践活动课程和实施策略。研究在初中化学实践课程中，如何评价是否培养了核心素养，培养到什么程度。

2. 研究的子课题

为了降低研究的复杂性，减少研究周期，提高研究效率，同时提高每个研究内容的针对性。我们设立了以下五个子课题。

（1）指向核心素养的初中化学实践课程框架体系研究

研究核心素养内涵及课程诸要素的关系，构建"化学知识内容、核心素养培养目标、实践活动设计"三者有机统一的课程框架体系，包括保证核心素养要素与教学诸要素统一的一致框架以及保证实践活动系列课程统一的课程开发与实施框架。

（2）指向核心素养的初中化学社会实践活动课程的开发与实践

以义务教育化学课程标准、教科书上的内容为依据，以培养学生核心素养为目标，通过参观、访问、调查、劳动等形式，开展社会实践活动，如饮用水调查、参观化肥厂等。依托当地资源，开阔视野，激活学生的思维空间，感受化学与生活、生产的密切联系以及化学学科所发挥的巨大作用，增强学生的应用意识、劳动意识、技术应用能力、问题解决能力和社会责任感，形成系列的初中化学社会实践学习活动案例。

（3）指向核心素养的初中化学史主题活动课程的开发与实践

以义务教育化学课程标准、教科书上的内容为依据，以培养学生核心素养为目标，设立与化学史有关的学习主题，通过走进图书馆、上网、参观、访问等多种形式，收集整理相关的化学史、科技前沿、学科发展新成就等信息，再进行整理、加工、展示、评价等活动，进而形成系列的课程。重点培养学生的科学精神、科学伦理、学科思想方法、社会责任（责任担当）、创新意识、国际理解等核心素养。

（4）指向核心素养的初中化学课堂探究活动课程的开发与实践

以义务教育化学课程标准、教科书上的内容为依据，以培养学生核心素养为目标，通过设计科学探究实验、改进课堂实验等形式，开展课堂科学探究活动，形成系统化的课堂探究学习活动的课例。重点培养科学探究与创新意识等核心素养，培养学生掌握独特的分析与解决问题的思想方法（如建模思想、宏微结合思想等），树立正确的科学伦理观念与不断探索的科学精神，学会遵守科学规范并养成良好的、科学的生活习惯。

（5）指向核心素养的初中化学课外实验活动课程的开发与实践

以义务教育化学课程标准、教科书上的内容为依据，以培养学生核心素养为目标，通过家庭小实验、课外兴趣小组活动的形式，开展课外实验探究活动，把学生的实验探究活动从狭窄的教材实验扩展到生活、生产中，培养和发展学生的科学探究精神与创新意识，学会学习与健康生活，树立正确的化学价值观，形成典型系列活动案例。

五个子课题分别对应本书的第一章到第五章。

（二）研究过程

1. 课程设计与规划

（1）调查统计

1）核心素养现状调查分析。课题组设计了核心素养情况调查问卷，课题组成员分别选取自己所教的两个班级确定为实验组和对照组，对两个班级的学生进行问卷调查，初步了解学生核心素养发展情况。同时，对本校化学任课教师进行调查访问，了解化学教学中核心素养培养存在的问题。通过调查统计分析，初步确定初中化学传统教学在核心素养培养上的缺位、欠位、错位情况。

2）实践形式现状调查分析。课题组设计了实践形式现状调查问卷，并进行问卷分析。得出结论：探究实验、社会调查、实验用品制作、家庭小实验、课本实验改进、课后兴趣实验、化学史阅读展示、科普演讲、参观访问等实践活动形式，既是被传统课堂教学弱化的学习形式，又是对核心素养的培养和提升有重要作用的学习形式，这些实践活动能够改善传统课堂教学对核心素养培养存在的缺位、错位、欠位现象。为避免重复，也为了突出传统课堂教学较少使用的实践形式，每个课程开发小组仅以一种实践活动形式为主。四个课程开发小组分别用化学史主题阅读、课外小实验、课堂科学探究、化学社会实践为主要活动形式。

（2）建构框架

1）建构核心素养与课程诸要素一致性框架。为保证开发的课程能真正落实核心素养的培养和提升，课题组认为必须保证核心素养要素与课程主要要素具有一致性，让课程诸要素都要指向核心素养。为此，课题组开发出了"核心素养要素—核心素养目标—教学内容—活动形式—活动评价"一致性关系框架。各子课题组在开发课程之前，必须先按此对应关系，完成一致性关系列表，构建各子课题的开发框架，然后再落实课程具体内容。

2）构建课程开发框架。课题组为保证各课程开发和实践小组开发的课程符合课程的基本规范，构建了课程开发框架：课程目标—课程内容—课程实施（以课程纲要形式呈现方案，以活动方案呈现具体实施）—课程评价；也构建了实践活动方案框架：活动目的—活动准备—活动组织—活动过程（记录、拍照等）—活动展示—活动评价。

2. 课程开发与实践

各子课题组以学生核心素养情况调查结果作为课程开发的重要依据，通过文献检索等方式收集教学素材，通过调查等方式开发网络、工厂、社区等教育资源，匹配教学内容，设计实践活动方案、评价方案，按照各自的核心素养与课程诸要素一致性框架、课程开发框架进行课程的开发。再按照如图0-1所示的流程反复完善具体的实践性学习活动，共形成了四个系列、30个主题、114个课题的课程体系。

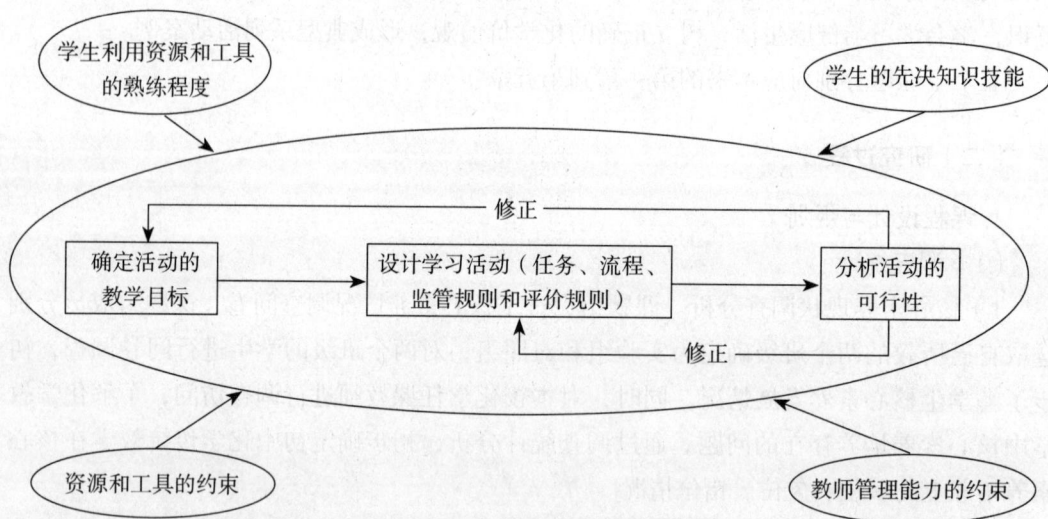

图0-1 实践性学习活动设计流程图

（1）开发社会实践活动课程，按课程纲要实施

1）按总课题组要求，以学生核心素养情况调查结果作为课程开发的重要依据，分别建构社会实践活动课程与核心素养一致性框架和课程开发框架。

2）以开发地方特色资源和学生身边资源破题。首先，对之前教师组织开展的课外化学实践活动整理研究，做到继承发展并重，解决了课外实践活动过多过滥、不能紧密衔接教学、深度挖掘不够等问题。在课程与核心素养一致性框架和课程开发框架的指导下进行了重新地审视、设计、补充和完善。其次，依托当地资源开发特色课程资源。我们通过家委会这个组织和机构，建立了与盐场、纯碱厂、自来水厂、污水处理厂、金矿、港口等广泛的联系，为研究提供了充足的资源。

3）多方合作共同开发课程并实施。学校、教师、家长、学生团队合作开发实践课程，学校提供经费、技术、设备、安全等方面的保证；家长提供课程资源，协助组织；教师具体设计方案，组织实施；学生参与设计、参加学习。具体见图0-2。

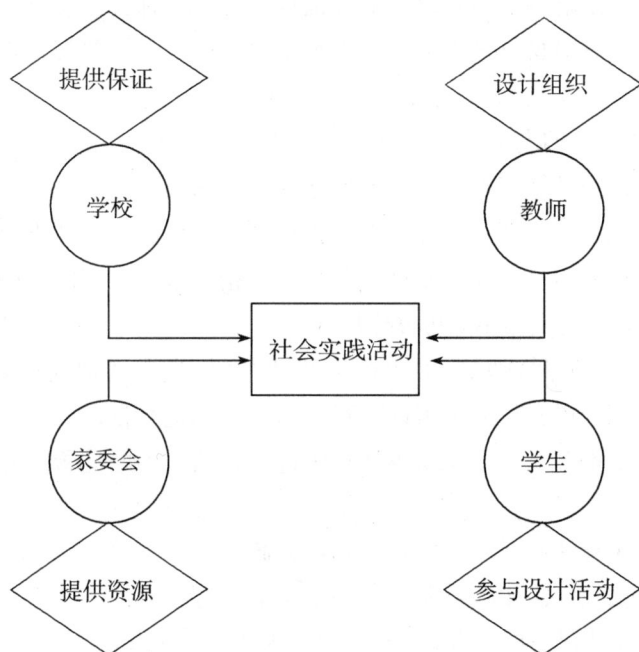

图0-2 多元共同开发实施社会实践课程图

（2）开发化学史主题学习活动课程，按课程纲要实施

1）设计调查问卷、访谈问题，调查教师在教学过程中引入化学史的频次、运用情况；调查学生对化学史的认识、想法和要求。分析调查结果，为课题组制订研究方案提供科学依据。制订和完善研究方案和实施计划。

2）指导学生通过教学参考书、化学史书籍、网络等途径，以小组合作的方式，自主收集与初中教学内容有关的化学史资源、趣闻逸事等，开发化学史课程资源。根据教学内容的需要，围绕核心素养整理、编辑加工化学史。形成阅读文本，制作课件、微课，写读后感等。在此过程中，促进学生学习行为的转变，培养和发展学生的核心素养，同时为教师选择使用这些化学史料提供有益的借鉴。

3）以微课的呈现方式，嵌入课堂教学，调动学生学习化学的积极性，增强其求知欲和学习兴趣。融"史"于课，以"史"促德。化学史作为丰富的学习素材，让学生体验科学家们在科研道路上执着探索的艰辛、失败的挫折和成功的喜悦，体验科学精神，体会科学家的家国情怀和奉献精神。树立正确的科学世界观，养成良好的行为习惯，从而落实学科德育目标。

（3）开发课堂探究活动课程，按课程纲要实施

1）制定初中化学课堂探究活动课程框架体系。课题组系统地对初中化学阶段培养学生核心素养的要求和课堂实验探究活动进行了综合分析，初步探索制定出了初中化学课堂探究活动课程框架体系。

2）开发课程资源。紧紧围绕初中化学课堂教学进行，课程资源的开发主要从三个方面进行：一是对不能凸显核心素养培养的验证性试验改为探究性实验；二是对部分探究性实验进行改造，使其对核心素养的提升更突出、更广泛；三是根据教材内容设计新的探究性实验。

3）制定课程纲要。课题组成员根据已经形成的"初中化学课堂探究活动课程框架体系"的具体内容，找准知识点与课程目标之间的逻辑关系，明确本课程内容与初中化学课程整体的逻辑关系，以课程目标筛选知识点和教学内容；以课本教学内容安排为时间线，充分考虑各种实验的仪器和条件，制定了"指向核心素养的初中化学课堂探究活动"课程纲要，使课程的实施更有可操作性。

4）落实实施。课题组教师制订课堂探究活动方案，将具体课程活动方案落实到自己的课堂上。通过组织校内和校外示范课，对优秀的课例进行推广和研讨；在不同层面的经验交流会、成果汇报会、展示观摩等活动中进行交流，不断完善课程活动方案及评价方式。

（4）开发课外实验活动课程，按课程纲要实施

1）根据总课题组要求，以学生核心素养情况调查结果作为课程开发的重要依据，分别建构社会实践活动课程与核心素养一致性框架和课程开发框架。

2）搭建课外自主探究实验平台。整合、采购必要的器材、药品等，建立课题实验基地；动员学生组建化学课外实验活动组，协调教师和学生成立"化学课外实验合作社"。

3）抓好师生培训，确保课题有序实施。在课题研究初期，采用网络推送、发放学习材料、专题讲座等形式对学生，尤其是骨干学生进行实验选题、设计、组织、操作等培训。对实验学校和教师进行每月集体研讨活动，定期召开课外实验汇报课、研讨课，以求教师在理论研究和实践探索中不断提高，高效实施课题研究。

4）制订和实施实验方案，扎实有效开展课外实验活动。先后制订了课堂前置型、课后改进型课外实验方案；假期创新型课外实验方案；家庭小实验方案；创新仪器、教具方案。课外活动小组通过合作社中专家、教师和同学的指导，设计实验方案，报请教师批准，自主进行实验。教师适时开展成果展示评价活动，优秀方案、案例评选活动。通过这些活动，学生实验水平提高了，实验思路开阔了，核心素养得到了充分的培养，都能自觉主动地开展实验，使课题研究工作逐步走向深入。

3. 成果总结与推广

（1）课题总结

课题组组织多次子课题结题会，对5个部分的研究工作进行结题评议并部署了课题的后续研究工作，包括核心观点的凝练、专著与论文集的出版准备、课题结题材料整理等。

（2）课题推广

课题主要通过三种方式推广。一是行政方式：通过现场会、报告会在全市范围内交流课程的开发经验，推动区域内教学方式的转变，让更多的教师行动起来。烟台市教科院为配合课题研究，适时在全市范围内开展了案例征集活动，推动研究的进行和成果的推广。二是评选活动：烟台市教科院分别组织了优质课评选、教学大比武、线上教学资源评选等活动，在这些活动的评选标准中，都有落实核心素养的标准要求，在这些活动的评选研讨或讲座中，课题组成员都有课题推介。三是媒体：课题"实验典校"的实践活动被齐鲁晚报、大众网等媒体报道。如2020年1月16日大众网以《得法于课内，得益于课外！烟台中学生这样过寒假》为题，报道了课题"实验典校"，寒假期间开放实验室，化学课外兴趣小组自主进行实验探究活动。

三、研究成果及分析

本书构建了指向核心素养的初中化学实践课程体系，为初中化学学科落实核心素养目标提供理论依据和实践指导，可为一般初中化学教学改革提供借鉴。

（一）理论的构建成果

1. 形成核心主张

不同核心素养要素和目标在教学中的落实，需要不同的教学形式才能真正落实。实践活动更具主体性、体验性、综合性等特点，对许多核心素养的培养和提升有独特的作用；尤其适合"学会学习""社会责任""科学精神""实践创新""实验探究与创新意识"等方面的核心素养；能弥补"以教师为中心、课堂为中心、书本为中心"教学在核心素养培养和提升上的缺位、欠位、错位问题。

各实验典校的学生，经过两年的初中化学课程学习，参与成果实践的学生发展核心素养和学科核心素养测评结果与对照组相比提高显著（具体数据见表0-1、表0-2）。其中，科学精神、责任担当、实践创新、科学探究与创新意识、科学态度与社会责任这些方面，实验组较对照组提高较大。这说明开发的指向核心素养的实践活动课程能够明显提高传统课堂教学的核心素养。

表0-1　学生发展核心素养评价结果汇总对照表

评价对象：实验组、对照组学生		评价人：教师		评价时间：2017.9—2019.6	
评价指标	评价要素	优秀率、合格率对照			
		实验组（380人）		对照组（380人）	
		前期	后期	前期	后期
人文底蕴	能理解掌握人文思想	优秀率	优秀率	优秀率	优秀率
	能关切人的生存发展	20.3%	52.1%	20.8%	38.7%
	能发现欣赏和评价美	合格率	合格率	合格率	合格率
		67.4%	89.7%	68.7%	78.1%
科学精神	能尊重实验事实和证据	优秀率	优秀率	优秀率	优秀率
	具有问题意识，不畏惧权威	28.4%	66.8%	28.9%	42.6%
	能积极寻求有效的问题解决方法	合格率	合格率	合格率	合格率
		53.5%	89.8%	52.2%	73.4%
健康生活	具有安全意识与自我保护能力	优秀率	优秀率	优秀率	优秀率
	具有抗挫折能力	44.2%	76.8%	44.7%	64.5%
	能合理分配和使用时间	合格率	合格率	合格率	合格率
		76.6%	97.3%	77.1%	83.7%
责任担当	具有团队和规则意识	优秀率	优秀率	优秀率	优秀率
	了解国情历史和传统	35.5%	70.0%	35.8%	49.5%
	关注全球性挑战和可持续发展	合格率	合格率	合格率	合格率
		61.3%	90.4%	61.0%	77.9%
实践创新	具有较强的动手操作能力	优秀率	优秀率	优秀率	优秀率
	善于提出问题和解决问题	29.2%	66.8%	29.7%	53.7%
	有创造力并能对物品优化改进	合格率	合格率	合格率	合格率
		57.9%	88.9%	57.1%	71.3%
学会学习	能主动实验、具有浓厚的学习兴趣	优秀率	优秀率	优秀率	优秀率
	善于总结经验、适时调整实验方法	32.4%	57.9%	32.9%	48.7%
	能有效地获取、鉴别、使用信息	合格率	合格率	合格率	合格率
		56.8%	90.3%	57.1%	79.7%

表0-2 学生化学学科核心素养评价结果汇总对照表

评价对象：实验组、对照组学生		评价人：教师	评价时间：2017.9—2019.6		
评价指标	评价要素	优秀率、合格率对照			
		实验组（380人）		对照组（380人）	
		前期	后期	前期	后期
宏观辨识微观探析	能认真观察物质，对物质的状态及变化能准确描述与记录	优秀率11.6%合格率45.3%	优秀率29.5%合格率88.9%	优秀率12.6%合格率45.3%	优秀率24.2%合格率79.5%
	能从微观角度理解物质性质及其变化				
	能用适当的符号表征物质及其变化				
变化观念守恒思想	能够主动找出活动中涉及的各种变化，通过观察认识到物质处在不断的变化中，根据变化的特征对变化进行分类研究	优秀率10.5%合格率51.6%	优秀率28.4%合格率87.7%	优秀率11.6%合格率52.6%	优秀率24.2%合格率77.4%
	认识到变化是有条件、可控的，控制反应条件对生成物的影响在实际生产中运用的价值				
	能从定性和定量角度分析物质的变化，认识到定量定性分析在生产实际中的重要作用				
证据推理模型认知	能够熟练运用物质的组成和结构与物质的性质、物质的性质与物质的用途之间的关系分析解决问题	优秀率9.5%合格率55.8%	优秀率29.5%合格率85.6%	优秀率8.4%合格率53.7%	优秀率24.2%合格率75.3%
	学会收集各种证据，能够基于实验和客观事实证实和证伪				
科学探究创新意识	在活动中善于发现和提出有价值的问题，有自己的见解和看法，能够围绕问题提出解决方案	优秀率9.5%合格率40.5%	优秀率45.4%合格率86.7%	优秀率9.5%合格率41.8%	优秀率23.2%合格率68.4%
	善于倾听，能够及时提出质疑，分析并阐释自己的观点				
科学态度社会责任	能够详细地做出活动的安全预案，善于对安全问题进行反思和总结	优秀率12.6%合格率38.4%	优秀率41.5%合格率88%	优秀率11.6%合格率40.6%	优秀率24.2%合格率68.3%
	能够针对环境保护和资源合理开发提出自己的见解和看法，具有"绿色化学"观念和可持续发展意识				
	能运用已有知识和方法综合分析化学过程对自然可能带来的各种影响，权衡利弊，强化社会责任感，积极参与有关化学问题的社会决策，并提出自己的建议				

2. 发展核心素养的内涵、外延

（1）核心素养与学科德育、学科教学的关系方面

中国学生发展核心素养与德育一体化的提出与践行，其根本目的都是为了落实立德树人的根本任务。只是中国学生发展核心素养的目标更全面，指向全面发展的人，主要通过学科核心素养的培养来实施。而德育一体化的目标指向是我们以往传统教学中被弱化的方面，通过学科德育来补充。学科核心素养培养和学科德育都主要通过学科教学来实现，但具体路径和具体内容既有交叉又有不同，其简单关系示例见图0-3。

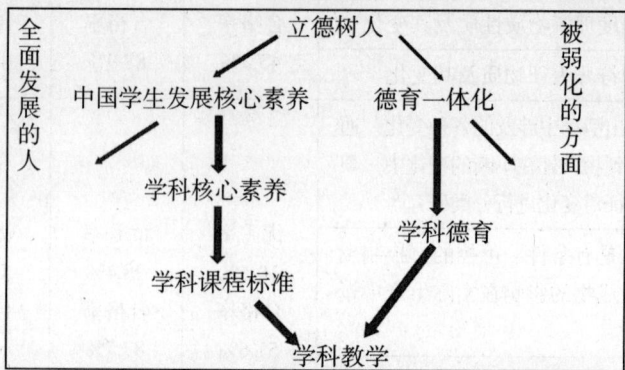

图0-3　核心素养与学科德育、学科教学关系简图

（2）学生发展核心素养与学科核心素养的关系方面

中国学生发展核心素养与学科核心素养在高度上是从属关系，在广度上是概括与具体的关系。但是在内容上二者是交叉关系，学科核心素养不都是学生发展核心素养，同样学生发展核心素养也不仅限于学科核心素养的集合。不同学科核心素养大多也有一定的交叉，有共同之处，也有不同。学科核心素养是在学生发展核心素养框架下，根据具体学科的特征和育人的特殊功能确定的。学科核心素养的总和不等于学生发展核心素养。一方面，学科教学不是学校教育的全部，学生发展核心素养并非全部由学科课程与教学完成。另一方面，学科核心素养中可能存在对于学科本身是重要的和关键的、而在学生的整体发展看并非关键的核心素养。

3. 构建了指向核心素养的初中化学实践课程的框架体系

构建的核心素养要素与课程诸要素的一致性框架体系，能保证目标明确，保证课程资源的选取、实践活动形式的选取、评价方式的选取都指向培养和提升核心素养，并且保证教学内容符合课标和教材的要求，不至于走空、走偏、走形式。

建构的课程开发与实践框架，既能保证课程的开发与实施规范、统一，为教学提供较完整的范本，又能保证内部一致性，并且都指向培养和提升学生核心素养。

构建的指向核心素养的实践活动课程体系，既能保证活动形式的多样性，弥补传统课堂教学的不足，又能保证覆盖所要培养和提升的核心素养，尤其是传统课堂教学在核心素养培养上存在缺位、欠位、错位的核心素养。

（二）课程的开发与实施成果

开发多种类型的系列化实践课程。每个子课题按照课程框架体系制订课程纲要（包括课程目标、课程内容、课程计划、评价方案等），开发系统性的指向核心素养的实践课程，设计相应的实践活动，让核心素养在初中化学教学中的落实有可操作的载体和内容。

1. 社会实践活动课程共开发了10个主题21个课题

指向核心素养的初中化学社会实践活动课程目录见表0-3。

表0-3　指向核心素养的初中化学社会实践活动课程目录（部分）

课程主题	课程目录
走进天然水的净化	调查了解家用净水器的净水原理
	制作简易净水装置
	走访自来水厂
水火无情话消防	小探究：铜丝真的能灭火吗？
	社会调查：商场里的消防措施
	走访：消防员话消防
生活中的溶液	从汽水看气体的溶解度
	体验饱和溶液与结晶
	浸泡的秘密
花色苷的秘密	自制酸碱指示剂
	发现日常用品的酸碱性
	调查：真假红葡萄酒的背后
关注食品添加剂	添加了哪些食品添加剂？作用是什么？是否超出限量？
垃圾分类话塑料	调查生活中的塑料制品的使用及回收情况
海水中的化学	体验海水晒盐——走进诚源盐场
	体验海水制碱——走进山东海化纯碱厂
金属与金属矿物	沙里淘金的秘密——走进三山岛金矿金立矿区
	尾矿里的宝贝——走进方泰冶金
化学与健康	体验"食"文化，感悟"实"品质（走进食圣集团公司走访活动）
化学与社会发展	社会调查：夏邱镇大理石生产对环境的影响
	社会调查：路旺镇塑料生产对环境的影响

以上10个主题的21个课题的社会实践课程，从开发的路径和实施的空间上可分为三类：学生身边资源的社会实践课程、地方特色资源的社会实践课程和课本单元主题资源的社会实践课程。虽然都是社会实践课程，但开发和实施的策略有所不同。

（1）开展依托学生身边资源的社会实践活动课程

依托学生身边的资源，开发课外探究活动。以"自制酸碱指示剂"为例，总结了以下实施策略：一是通过设计问题组细化探究过程。如"生活中是如何从植物中提取有效成分的？""你能用生活中的一些用品实现过滤、滴加药品操作吗？"；二是通过"成果汇报会"将学生的思维引向深处，突出学生的交流与合作，激发再探究的动力；三是成果整理，通过学生社会实践活动案例、随笔、成果论文等形式提炼成果。

（2）开展依托当地特色资源的社会实践活动课程

让学生从化学走进生活，走向生产一线，了解化学工业对社会所发挥的突出作用。我们在实践中总结了开发此类课程的实施策略：一是争取家长委员会的支持和帮助，联系实践活动企业单位，争取厂方配合等；二是进行实验教师能力调查，教师的课程驾驭能力是实施课程开发和实践的前提；三是争取学校支持，在活动组织、经费保障、考评政策等方面会得到保障；四是活动成果的整理，以"银海晶盐的秘密"——体验海水晒盐的活动成果为例：① 制作了融知识性、探究性于一体的视频节目；② 学生体验"卤水点豆腐"，试制豆腐花；③ 把活动的经验写成论文，总结提升，交流共享。

（3）开展依托单元主题探究的社会实践活动课程

在课程开发过程中教师要认真阅读课程标准，从课程标准给出的活动建议中汲取灵感，确定学生核心素养培养目标和活动内容。如第一单元步入化学殿堂，涉及化学变化的探究，在课程标准中相应的活动建议是：交流平时观察到的各种化学变化现象，讨论并归纳化学变化的一些特征。受此启发，我们开发了本单元的社会实践活动课程——厨房中的化学，让学生认识食盐、纯碱、小苏打、白醋、水垢等物质的性质、用途，观察混合时的现象，查找变化的原理。

2. 化学史主题学习活动课程共开发了6大主题30个课题

指向核心素养的初中化学史主题学习活动课程部分目录见表0-4。

表0-4 指向核心素养的初中化学史主题学习活动课程目录（部分）

课程主题	课题	分课题
化学之"语言"	元素的故事	元素符号的来历（了解贝采里乌斯的生平及贡献）
		探索元素概念的发展史（了解徐寿的生平及贡献）
		元素发现的趣事
	化学式与化学方程式的来历	化学式的来历
		化学方程式的发展

课程主题	课题	分课题
化学之"眼睛"	发现构成物质的微粒	原子的发现
		分子（认识布朗运动与分子存在的真实性、微粒结构模型）
		认识离子
	走近原子	原子结构的发现（原子内部结构之谜、卢瑟福α粒子散射实验）

六大化学史主题课程各自所侧重的知识类别不同，开发和实施的方式也不同，侧重提升的核心素养也有所不同。

（1）化学之"语言"主题

本活动主要以常用化学用语的发展历史为载体，通过学生分组活动，搜集、整理、展示元素的故事、化学式的由来及化学方程式的来历，帮助学生建立对物质和化学变化的"宏观—微观—符号"三重表征的思维方式，形成学科观念和学科思维方法。活动中元素趣事的学习阅读，贝采里乌斯、徐寿等科学家的生平及贡献的展示与感悟，使学生走近科学发展的艰难历程，体会科学家不畏挫折、积极实践的科学精神。学生自主组织、分组合作完成活动，使学生乐学、善学，养成合作共赢、勤于反思的习惯。

（2）化学之"眼睛"主题

本活动主要以宏观看现象、微观探本质的思维方式，以分子、原子、离子的发现与结构探索为线索，设计完成构成物质的微粒的发现史、走进原子的结构发现史两个活动，了解微粒的结构和性质的认识和探究的历史。帮助学生形成"物质是有结构的""结构是有层次的""基本构成是相同的"等化学基本观念。例如，其中的学生分组展示原子结构的发现史，可以让学生知道通过分析、推理等方法认识研究对象的本质特征、构成要素及其相互关系，建立认知模型，并能运用模型解释化学现象，揭示现象的本质和规律；培养学生对科学家的崇敬之情，树立敢于质疑权威的科学态度，激发学生探究的热情。

3. 课堂探究活动课程共开发了5大主题30个课题

指向核心素养的初中化学课堂探究活动课程目录见表0-5。

表0-5 指向核心素养的初中化学课堂探究活动课程目录（部分）

课程主题	课程目录
体验科学探究	探究蜡烛燃烧的奥秘
	测定空气中的氧气含量
	探究燃烧的条件
	探究促进燃烧的方法
	影响物质溶解性的因素
	测定溶液的pH
	粗盐提纯
	影响钢铁锈蚀的因素
认识身边的化学物质	氧气的制取与性质
	二氧化碳的制取与性质
	认识溶液的形成
	认识氢氧化钠与氢氧化钙
	认识金属的物理性质
	铵态氮肥的性质

（1）体验科学探究主题

本主题可以让学生体验科学探究的过程，学习科学探究的基本方法，形成初步的科学探究能力。如"探究燃烧的条件"实验中，学生经过逐步的探索巩固了科学探究的基本技能，形成了良好的科学探究思维习惯，提高了科学探究解决问题的能力，培养实事求是、独立思考、团结协作、开拓创新的精神。

（2）认识身边的化学物质主题

本主题主要引导学生观察和探究一些常见物质，从而增强学生学习化学的探究欲望，掌握物质的用途与性质之间的关系，形成科学的物质观和合理利用物质的意识。如"认识氧气的性质"实验，通过一系列化学反应，培养了学生通过科学地找到事物变化发展的原因与条件，进而理解控制变化进程和结果的方法的能力。

4. 课外实验活动课程共开发了3个类别9大主题33个课题

指向核心素养的初中化学课外实验活动课程（部分）目录见表0-6。

表0-6 指向核心素养的初中化学课外实验活动课程目录（部分）

课程类型	课程主题	课程目录
课堂前置型课外实验课程	家庭趣味实验	借水之手分开聚集在一起的分子
		发光的水果电池
		分子的运动实验
		烧不坏的手帕
	课前探究实验	空杯生牛奶
		消失的密码
		铁树开花
	生活实验调查	比较白菜和果汁饮料里的维生素C含量
		化肥对植物生长的作用
		测定污水的pH值，设计防治污染的方法
		钙片成分的分析
		铁生锈的处理与预防

课堂前置型课外实验课程的实施及作用：

1）激发兴趣，自主探究。课前布置家庭趣味小实验，通过丰富、有趣的实验现象激发学生的学习欲望，为课堂高效学习做准备，培养学生不断探究的科学精神，如开发"借水之手分开聚集在一起的分子""爱心连线做出能够发光的水果电池"等课外实验课程。

2）创设情境，启迪思维。针对某些课内实验的原理、装置、操作方法等布置课前探究实验，对照比较引发思考，培养学生实践和创新的能力，如开发"空杯生牛奶""消失的密码""铁树开花"等课外实验课程。

3）学前调查，走进生活。化学源于生活又服务于生活，课前布置生产生活中热点问题的相关实验，培养学生健康意识和社会责任感，如"比较白菜和果汁饮料里的维生素C含量""化肥对植物生长的作用""测定污水的pH值"。

四、研究成效

（一）有助于克服单纯传授知识的倾向，促进核心素养的培养

本课题将学生核心素养的发展和提升作为课程总目标，结合"中国学生发展核心素养"和"普通高中化学核心素养"，在初中进行内涵释义，内化为初中化学核心素养目标，以其内涵和内容设立教学目标和评价标准，以实践活动为主要教学形式，将教学内容和实施方式也都指向核心素养目标，避免了教学只停留在认知层面，只教书不育人的现象。将落实核心素养作为课程目标，可以更好地展现学生的品质，培养和发展学生的探究与创新意识，帮助学生树立正确的科学伦理和科学精神，学会遵守科学规范并养成良好的、科学的生活习惯，促进核心素养的全面落实。

（二）有助于课程资源的有效融合，促进课程育人的有效落实

落实"立德树人"根本任务，需要通过落实学科核心素养来实现，而落实核心素养又主要通过课程来实现。目前初中化学实践课程的开发比较薄弱，更缺少将课程目标定位到核心素养落实的系统课程。本课题开发了系列的指向核心素养的课内和课外实验探究、社会实践等初中化学实践课程的范本及相对应评价体系，具有创新性，可弥补传统教学内容对一些核心素养培养的缺漏或不足，让核心素养在初中化学学科教学的落实有可操作的载体和内容，形成"初中化学实践活动课程超市"，为实现学科育人提供可行性方案与范本。

（三）有助于国家课程的校本化实施，促进核心素养校本化落实

学校是教育发生的地方，而学校育人功能的实现又主要依赖于课程，课程是学校教育的载体。然而，长期以来，作为最了解学生需求的学校和教师没有足够的机会和权力参与课程决策，教师成了教材的被动执行者，教师缺乏足够的育人主动性和灵活性。要解决这一问题，就有必要给学校和教师深度授权，给他们留下一定的空间自由发挥，基于学生成长的需要，在国家课程的基础上设计校本课程。本课题中开发的指向核心素养的初中化学系列实践性活动课程，就是在初中化学课程的基础上，针对传统课堂教学在落实核心素养上的问题，开发的校本课程，弥补"中国学生发展核心素养""化学学科核心素养"在传统教学中存在着缺位、欠位、错位现象，促进学生核心素养全面、均衡、充分发展，为核心素养的校本化落实提供可行性方案与范本。

五、研究的几点思考

（一）初中化学学科教学中，要不要考虑"中国学生发展核心素养"

首先，在学科教学中不能只落实学科核心素养，在可能的情况下也要兼顾"中国学生发展核心素养"的落实。因为，从本书的研究成果看，"中国学生发展核心素养"与学科核心素养并不是完全的从属关系，学科核心素养的总和也不能完全包括"中国学生发展核心素养"，有些"中国学生发展核心素养"在某些取向和内涵上在学科核心素养中是没有的或是不完全相同的，更不能在某一学科完全呈现。况且，不能因为个别学科兼有某个"中国学生发展核心素养"要素，化学学科就不用进行培养了。其次，在化学学科教学中兼顾学科核心素养与"中国学生发展核心素养"，不是简单组合，要根据各自的内涵进行融合。这需要对各自的内涵进行深入的研究，尤其是在不同情境下各自内涵的取向是否相同，是否能融合？本书在开发的"素养框架体系""课程目标""活动设计"中，都兼顾了"中国学生发展核心素养"和"化学学科核心素养"，但大多是经验型的匹配，并非理论上的真正融合。这是我们下一步需要继续探索和完善的地方。

（二）在课时教学目标中，有没有必要设立核心素养目标

核心素养的落实的初期，设立明确的核心素养目标是必要的，就如刚开始出现三维目标时，三维目标要分开写一样，只是为了突出"过程方法目标"和"情感、态度、价值观目标"，先让教师提炼出来、明确出来，形成习惯和定势了，就可以与知识技能目标合并到一起了。核心素养目标也可以这样，先单独呈现，不与其他目标混杂，形成习惯和定势了，再融合到其他目标中。但这个目标一定是这一课时重点要培养或提升的核心素养，以起凸显作用。本书开发的课程中，课时目标就暂时单独呈现了核心素养目标。这样做理论上是否正确，逻辑上是否合理，以后融入其他目标中如何呈现？这也是我们下一步需要继续探索和完善的地方。

第一章
初中化学实践活动课程的开发框架

本研究要开发指向核心素养的初中化学实践活动课程并实施课程，为保证开发的课程及实施过程能真正落实核心素养，建构了一个核心素养与课程要素一致性的框架，来保证课程的开发和实施一直指向核心素养。

一、研究概论

（一）研究假设

每一个核心素养要素的落实都有它更适合的教学形式。传统的课堂教学形式很少采用实践的方式进行，必然有其不易落实的核心素养要素。采取不同的实践活动形式，更有利于一些核心素养要素或目标的落实。

构建一个指向核心素养的课程开发框架，按框架进行课程开发，能够保证核心素养要素和目标与教学目标、教学内容、教学形式、教学评价的一致性，保证课程开发始终指向核心素养，进而保证能够真正落实"立德树人"的根本任务。

（二）研究内容

研究基于中国学生发展核心素养内容和框架体系下的初中化学核心素养的内涵、外延（包括内容要点的内涵、外延）；研究初中化学传统课程对核心素养培养存在的缺位、欠位、错位等情况；哪些种类的实践活动能着重培养传统化学课堂教学中缺位、错位、欠位的核心素养；研究核心素养要素、核心素养目标与初中化学教学内容、形式、评价如何对接。

（三）研究意义

1. 发展核心素养的内涵

要基于核心素养开展学习活动，并通过学习活动达到核心素养的培养目标，必须先明确核心素养的内涵。在将核心素养目标变成课时教学目标的过程中，就要解决中国学生发展核心素养与化学学科核心素养的关系，解决核心素养要素与课程诸要素的关系，并让它们融为一体，保持一致。在这个过程中，对核心素养的认识更深刻、更全面、更接地气、更容易落实到教学中。

2. 丰富教学形式

本研究要突破传统课堂教学的束缚，寻找和筛选多种实践活动形式，来满足不同核心素养培养和提升的需求，让实践活动既能培养学生的核心素养又能紧密结合学科教学，成为学科教学不可分割的一部分。寻找和筛选的实践活动形式，丰富了常规教学形式。

3. 指导指向核心素养课程的开发

本研究构建的课程开发框架，能够指导学校开发的校本课程指向核心素养要素的覆盖和素养目标的落实。

二、核心素养和实践活动调查

（一）核心素养情况调查

设计了核心素养情况调查问卷，对烟台市初中化学教师进行抽样调查，向教师发放"中国学生发展核心素养"教师调查问卷、"中国学生发展核心素养"学生调查问卷、"化学学科核心素养"教师调查问卷、"化学学科核心素养"学生调查问卷。由抽样教师填写教师调查问卷，所教班级学生填写学生调查问卷。共收到教师有效问卷106份，学生有效问卷1235份。从收到的有效问卷中分别抽取50份教师问卷和600份学生问卷进行统计。部分问卷内容及统计结果示例见表1-1和表1-2（篇幅所限只选取部分出示）。

表1-1 中国学生发展核心素养现状调查问卷内容及统计结果——教师（部分）

一、关于"人文积淀"素养的内涵要求如下：具有古今中外人文领域基本知识和成果的积累；能理解和掌握人文思想中所蕴含的认识方法和实践方法等。

1. 请客观评价您及您所教学生"人文积淀"素养表现评分，满分为100分。

	我	我所教学生
评分	（42分）	（17.2分）

2.我们学校每学期都给学生推荐阅读书目，并检测阅读效果。

选项	A. 从不	B. 偶尔	C. 有时	D. 经常	E. 总是
人数	5	26	13	6	0
占比	10%	52%	26%	12%	0%

······

四、关于"理性思维"素养的内涵要求如下：崇尚真知，能理解和掌握基本的科学原理和方法；尊重事实和证据，有实证意识和严谨的求知态度；逻辑清晰，能运用科学的思维方式认识事物、解决问题、指导行为等。

1.请客观评价您及您所教学生"理性思维"素养表现评分，满分为100分。

	我	我所教学生
评分	（88分）	（56.2分）

2.我们学校要求学生书写实验报告或科学小论文。

选项	A. 从不	B. 偶尔	C. 有时	D. 经常	E. 总是
人数	12	29	8	1	0
占比	24%	58%	16%	2%	0%

3.在教学中，我注意培养学生尊重事实和证据的实证意识和严谨的求知态度。

选项	A. 从不	B. 偶尔	C. 有时	D. 经常	E. 总是
人数	1	6	23	16	4
占比	2%	12%	46%	32%	8%

4.在教学中，我注意给学生一些变式训练，让学生结合各种情境，换位思考、全面考虑。

选项	A. 从不	B. 偶尔	C. 有时	D. 经常	E. 总是
人数	0	8	11	26	5
占比	0%	16%	22%	52%	10%

5. 教学中，我注意追问学生解释答案或结果的思维过程。

选项	A. 从不	B. 偶尔	C. 有时	D. 经常	E. 总是
人数	2	6	24	18	0
占比	4%	12%	48%	36%	0%

......

九、关于"信息意识"素养的内涵要求如下：能自觉、有效地获取、评估、鉴别、使用信息；具有数字化生存能力，主动适应"互联网+"等社会信息化发展趋势；具有网络伦理道德与信息安全意识等。

1. 请客观评价您及您所教学生"信息意识"素养表现评分，满分为100分。

	我	我所教学生
评分	（72分）	（24分）

2. 我会给学生布置一个问题，要求学生自己查找资料分析、解决这个问题。

选项	A. 从不	B. 偶尔	C. 有时	D. 经常	E. 总是
人数	7	31	11	1	0
占比	14%	62%	22%	2%	0%

3. 我会指导学生防范网络病毒和不健康的网络信息。

选项	A. 从不	B. 偶尔	C. 有时	D. 经常	E. 总是
人数	35	14	1	0	0
占比	70%	28%	2%	0%	0%

4. 我鼓励学生建立公众号或者博客来发布交流信息。

选项	A. 从不	B. 偶尔	C. 有时	D. 经常	E. 总是
人数	47	3	0	0	0
占比	94%	6%	0%	0%	0%

续表

5. 在教学中，我定期让学生做手抄报，锻炼学生分析、整理资料的能力。

选项	A. 从不	B. 偶尔	C. 有时	D. 经常	E. 总是
人数	16	26	5	3	0
占比	32%	52%	10%	6%	0%

……

十八、关于"技术运用"素养的内涵要求如下：理解技术与人类文明的有机联系，具有学习掌握技术的兴趣和意愿；具有工程思维，能将创意和方案转化为有形物品或对已有物品进行改进与优化等。

1. 请客观评价您及您所教学生"技术运用"素养表现评分，满分为100分。

	我	我所教学生
评分	（38分）	（12分）

2. 我们学校定期组织创意技能创作大赛。

选项	A. 从不	B. 偶尔	C. 有时	D. 经常	E. 总是
人数	46	3	0	0	0
占比	92%	6%	0%	0%	0%

3. 我注意引导学生对学习和掌握技术的兴趣。

选项	A. 从不	B. 偶尔	C. 有时	D. 经常	E. 总是
人数	35	11	4	0	0
占比	70%	22%	8%	0%	0%

……

表1-2　初中化学学科核心素养现状调查问卷内容及统计结果——学生（部分）

1. 以下哪个说法更符合你喜欢化学学科的理由？

	A. 对化学本身有兴趣	B. 化学是一门有用的学科	C. 化学容易取得好成绩	D. 喜欢化学教师的授课方法
占比	37.6%	8.3%	21.6%	33.3%

2. 购买超市中的食品时，你会查看其标签上的配料、营养成分、符号吗？

选项	A. 从不	B. 偶尔	C. 有时	D. 经常	E. 总是
占比	45%	35%	8.3%	10%	1.7%

3. 你能见到一种常见的物质就去联想其微观构成和化学符号吗？

选项	A. 从不	B. 偶尔	C. 有时	D. 经常	E.总是
占比	50%	35%	6.7%	6.7%	1.7%

4. 如果教师在课堂讲授过程中出现错误你能及时发现并勇于指出吗？

选项	A. 不能	B. 偶尔	C. 有时	D. 完全能
占比	45%	25%	26.7%	3.3%

A. 完全能　　　　B. 有时能　　　　C. 偶尔　　　　D. 不能

5. 你能用物质是不断变化的、变化是有条件的、化学变化伴随着能量变化，认识或解释化学变化吗？

选项	A. 从不	B. 偶尔	C. 有时	D. 经常
占比	10%	52%	26%	12%

6. 你能从物质及其变化的事实中发现问题，对有关的化学问题提出假设，依据证据证明或证伪假设吗？

选项	A. 从不	B. 偶尔	C. 有时	D. 经常
占比	25%	45%	26.7%	3.3%

7. 请你说出你知道的至少三个著名的化学家及其突出贡献，可以是历史上的，也可以是近几年的化学诺贝尔奖得主。

……

　　通过对调查访问结果进行整理、对比和分析，确定了传统教学中缺位、欠位、错位的核心素养要素，主要有中国学生发展核心素养中的批判质疑、勇于探究、勤于反思、信息意识、社会责任、国家认同、劳动意识、问题解决、技术应用等要点；化学学科核心素养中的科学探究与创新意识、科学态度与社会责任。从而确定了所要开发课程的重要目标。四类课程开发小组照此开发各自领域的调查问卷，分析核心素养发展情况，确立所要开发课程的重要目标。

（二）实践活动情况调查

课题组制订了实践活动情况学生调查问卷和教师访谈问题。通过对教师的访谈，了解教师开展实践频次、形式、效果、存在的问题等情况。再通过教师发放网络问卷，组织学生回答问卷。共收到学生有效问卷620份。从收到的有效问卷中抽取500份学生问卷进行统计。部分问卷内容及统计结果示例见表1–3（篇幅所限只筛选部分出示）。

表1–3　实践活动现状调查问卷内容及统计结果——学生（部分）

1. 除了上课时间，你会主动学习化学吗？

选项	A. 经常	B. 偶尔	C. 从来不会
占比	36%	61%	3%

2. 你是否喜欢目前的化学教学方式？

选项	A. 非常喜欢	B. 喜欢	C. 一般	D. 不喜欢
占比	10%	12%	32%	46%

3. 你喜欢怎样的一种化学课堂教学方法？

选项	A. 教师讲授	B. 讨论交流	C. 学生动手实践	D. 自学
占比	10%	52%	26%	12%

4. 你对家庭小实验或其他化学课外探究活动的态度如何？

选项	A. 很有兴趣，自愿参加	B. 有兴趣，但没有时间参加	C. 希望参加，但教师没有组织或布置相关活动	D. 没有兴趣
占比	65%	18%	26%	4%

5. 你对化学社会实践活动的态度如何？

选项	A. 很有兴趣，自愿参加	B. 有兴趣，但没有时间参加	C. 希望参加，但教师没有组织或布置相关活动	D. 没有兴趣
占比	68%	24%	44%	2%

6. 你对进行实验操作持有什么看法？

选项	A. 很感兴趣	B. 有时感兴趣	C. 看其他同学做
占比	80%	4%	16%

7. 你在化学学习过程中，对观察、实验猜测、验证等教学活动的看法如何？

选项	A. 没问题	B. 不太困难	C. 困难	D. 很困难
占比	42%	30%	16%	12%

8. 你的化学与生活知识的主要来源是什么？（多选）

选项	A. 课本及教师课堂教学	B. 广播电台与电视、报纸杂志等课外读物	C. 父母、同学等周围的人	D. 电脑及网络
占比	89%	28%	20%	14%

9. 收集环境污染的相关资料并举行一个小型报告会，此类活动与考试无关，你的态度如何？

选项	A. 积极参与	B. 参与，但不热心	C. 无所谓	D. 不参加
占比	20%	26%	34%	20%

……

通过教师访问和学生问卷调查的统计，绝大多数学生对实践活动非常感兴趣，尤其是对课堂探究实验、课外兴趣实验、家庭小实验、化学小制作、参观访问、化学史收集整理这些活动积极性很高。但多数学生除了在课堂上，很少参加过其他化学实践活动，主要原因是没有机会，也没有教师组织；课堂上的实验探究等实践活动频次也很低，学生主动活动的机会很少。

结合实践活动的调查结果，考虑对核心素养培养的重要程度，尤其是在传统化学课堂教学中存在缺位、欠位、错位的核心素养培养的重要程度，我们选取了四种实践活动形式，作为课程开发中的四种主要活动形式，分别开发四个系列的课程。

三、建构核心素养与课程的一致性框架

（一）理论依据

1. 课程要素及其相互关系

现代课程论认为，课程主要由四大基本要素构成，即课程目标、课程内容、课程实施与课程评价。课程目标是指课程要达到的预期结果，是选择课程内容、实施课程及评价课程的主要依据。课程内容是指可以达成课程目标的教育经验。课程内容需要通过一定方式进行组织，其内容的选择与组织决定着课程目标能否达成，也影响着课程的实施方式。课程实施是帮助学生获得经验、达成课程目标的过程。课程实施的途径、方法及组织形式等既由课程目标和课程内容决定，同时也会影响课程目标的达成。课程评价既要判断课程目标是否达成，同时也要监控课程目标确定、课程内容选择与组织及课程实施的全过程，以确保及时发现问题、及时调整课程，更好地促进学生的发展。因此，课程四要素之间是相互影响、相互作用的关系。这要求在我们开发的指向核心素养的初中化学实践活动课程中，核心素养目标要与其他课程要素具有一致性。

2. 课程目标与课程内容的关系

目前，不少专家都认为，虽然教学实施需要以知识为载体，但并不是所有的知识都能切实促进核心素养的达成。只有认识主体针对研究对象，在特定问题的驱动下，选取特定认识角度，经历特定推理过程和认识路径所形成的特定认识结果，才更加稳定，更加具有结构化和功能化，更加具有迁移价值，这样的知识才会有素养价值，才可能达成核心素养目标。不同知识的认识功能和素养发展价值不同，统摄性和结构化的知识具有更强大的功能价值。所以，选取大概念等学科核心知识，有利于知识的结构化和功能化，是知识转化为素养的关键。即要培养和提升学生核心素养，需要匹配相应的学科核心知识（如大概念等）。这要求我们开发的课程资源要围绕学科核心知识展开。

3. 课程内容与认识方式

我国现代课程专家还认为，每个学科有其特定的认识和研究领域，有其特有的认识活动和问题解决方式，需要独特的认识事物以及分析、解决问题的角度、思路和方法，即比较特定的学科认识方式和推理模式，这是学科核心素养的内涵实质。学科的核心知识具有重要的认识方式功能，提供核心的认识角度，形成重要的认识思路和推理路径。即学科核心知识，需要选取特定的学科认识方式和推理模式与之相互匹配，才能更好地培养核心素养。科学探究等是化学特定的学科认识方式和推理模式之一。

4. 活动可以较好地实现从知识到认识方式的转化

学科知识是学科核心素养的必要经验基础，但并不充分。学科知识需要经过学习理解、应用和实践、迁移和创新等关键能力活动，才能完成从具体知识到认识方式的外部定向、独立操作和自觉内化，从而形成学科核心素养。即培养和提升学生核心素养，需要必要活动才能实现。实践活动就是这样的活动。

（二）建构核心素养与课程诸要素的一致性的框架体系

1. 设立核心素养目标

核心素养目标的设立，首先要分析和认识中国学生发展核心素养要素或化学学科核心素养要素中各个要点（共18个）的内涵解释，再结合化学核心知识所蕴含的特定的学科认识方式和推理模式，建立核心素养要素与学科核心知识的联系和匹配，然后再根据义务教育化学课标的能力要求和教学目标的要素要求设立核心素养目标。

2.建构核心素养与课程诸要素的一致性的框架体系

为了保证在课标内容标准的框架下，课程各要素始终指向核心素养。根据课程要素及其相互关系，我们构建了"中国学生发展核心素养要素—化学学科核心素养要素—核心素养目标—内容标准（课标）—教材教学内容—实践活动形式—教学评价"——对应、相互一致的课程开发框架，如表1-4所列。

表1-4 核心素养与课程诸要素的一致性框架（示例）

中国学生发展核心素养	化学学科素养要素	素养要素目标	课标内容标准	教材教学内容	实践活动形式	评价方式
理性思维	宏观辨识与微观探析	能从分子、原子水平分析物质及其反应的微观特征	认识水的组成，初步了解化学反应的本质	水的分解与合成	画水、氢气、氧气的微观构成图，推导变化过程	师、生当堂点评

在此框架基础上，其他子课题组按四种活动类型分别构建了各自课程的核心素养要素、核心素养培养目标、化学知识内容、实践活动建议、教学评价有机统一的框架体系。并根据各要素的关系，完成具体内容。后续课程就按照这些具体内容进行开发。

四、构建实践活动课程开发与实践框架

（一）理论依据

1.课程的作用

现代课程论认为，课程是教育思想、教育目标和教育内容的主要载体，集中体现国家意志和价值观念，是学校教育教学活动的基本依据，直接影响人才培养质量。课程的力量是强大的，它是引领学生通向未来幸福生活的教育路径。核心素养是为培养21世纪人才为目的的，是党的教育方针总体要求的具体化。因此，通过课程培养和提升学生的核心素养是最直接且有效的路径。这也是我们的研究以课程方式呈现的原因。

现代课程论认为，一所学校当下课程的内容与结构设计将影响并决定学生未来的知识结构体系和素养发展。学校的课程格局，也会决定未来社会的发展格局。站在课程的角度，教师需要转换自身角色，即从课程的执行者转向课程的设计者与实施者，深入研究学科的教育价值，并在此基础上创建学校整体课程，通过课程的设计与实施，为未来社会奠定坚实的人才基础。依据此理论，教师要参与课程的开发，着重开发校本课程来补充国家学科课程，从而完善学校课程结构，提升学校课程格局，促进学生核心素养的全面提升。

2. 派纳的课程重构

当代课程理论的代表人物之一派纳，他的著作《理解课程》被誉为"当代课程理论的圣经"。他认为课程要促进个体对生活体验进行解释和反思，最终将其主体理解出来。课程实施应从学习者的立场出发，为学习者充分提供自由表达、主动探究和生成体验的权利和空间。根据派纳的理论，我们建构的实践活动大多是学生的自主活动，并依据一些生活经验选择或设计活动方案。

3. 活动课程与学科基础课程的关系

在我国，二者的关系曾有过三种不同的认识：主辅关系、并重关系和分工关系。三种认识都有其合理性，也都认同活动课程在教育中的意义与价值，但都有些偏颇。在当今强调学生核心素养发展的背景下，活动课程是学校课程的重要组成部分。学科基础课程和活动课程在课时上有多少之分，但在育人功能上无主次、主辅之分，二者缺一不可。活动课程是一种新型课程，既然属于课程的范畴，就有课程目标、课程实施内容、课程实施途径和实施原则、课程评价等课程要素。活动课程在活动内容上与学科教学的活动不同，其内容更加丰富，学生主体地位更加凸显，育人功能更加全面。学科实践活动课程与学科基础课程是相辅相成、相得益彰的关系，都为学生的全面发展打好了基础。活动课程对学科基础课程的改革起着积极的促进作用。

4. 实践活动课程的发展趋势

近代布鲁纳的"发现学习"理论、加德纳的多元智能理论和皮亚杰的认知发展理论更加强有力地强化了活动课程的发展趋势，加强活动课程成为21世纪教育的主导潮流。许多发达国家和地区都积极调整各自的课程结构，设置实践活动课程，所涉领域的课题包括主题探究或课题探究、社会实践学习和生活学习三个方面。发达国家重视通过增设综合性、实践性的活动课程培养学生的综合能力，满足社会发展对人才综合素质的需求，注重改变学生机械单一的学习方式，加强学生对自然世界的理解，密切学生与社会生活的联系。

我们构建的指向核心素养的实践活动课程体系中，化学课堂探究活动系列就重在主题探究或课题探究；化学社会实践活动系列重在社会实践学习和生活学习；化学课外实验系列以学校和家庭生活为背景，重在生活学习；化学史主题学习系列重在通过化学史资源的收集、整理、加工、应用、展示等活动，学习科学家的科学精神、科学思维方法、社会责任意识、学科价值观念，同时提高信息的获取、整理、加工能力、信息技术应用能力、语言文字表达能力、排版绘画能力等，是更具有综合性、实践性的活动系列课程，更注重核心素养的培养和提升。

（二）构建实践活动课程开发与实践框架

1. 构建的课程开发框架

课程目标—课程内容—课程实施（以课程纲要形式呈现）—课程评价。

2. 构建的实践活动方案框架

活动目的—活动准备—活动组织—活动过程（记录、拍照等）—活动展示—活动评价。

3.构建指向核心素养的实践活动课程体系

以筛选出的四种有利于培养缺位、欠位、错位的素养要素的实践活动类型，作为课程类型，在核心素养与课程诸要素一致性的框架体系下，共同建构指向核心素养的课程体系。按此框架，各子课题组开发课程并实施，如表1-5所列。

表1-5　指向核心素养的实践活动课程体系

课程类型	课程目标（包括素养目标等）	课程内容（包括教学内容、课程资源等）	课程实施（包括教学设计、活动方案等）	课程评价
化学史学习活动类				
化学课堂探究活动类				
化学课外实验活动类				
化学社会实践活动类				

第二章
初中化学社会实践主题实践性课程

一、概论

（一）初中化学社会实践主题实践性课程设计的背景

化学是一门实践性非常强的学科，纵观化学史，化学科学的研究成果都是在实践的基础之上产生的，有的是在实践活动中的偶然发现，如火药的发明、酸碱指示剂的发现等。但是也有的是在长期实践中积累和思考的结果，如青蒿素的发现和应用。子曰："学而不思则罔，思而不学则殆。"孔子就非常重视实践活动。"读万卷书，行万里路""实践出真知"这些格言充分说明了实践的重要性。

2011年新修订的《初中化学课程标准》指出：义务教育阶段化学课程中的科学探究，是学生积极地获取化学知识、认识和解决化学问题的重要实践活动。其中的"活动与探究建议"，旨在转变学生的学习方式，突出学生的实践活动，使学生积极主动地获取化学知识，培养学生的创新精神和实践能力。观察、调查、资料收集、阅读、讨论和辩论等都是积极的学习方式。科学探究对发展学生的科学素养具有不可替代的作用。

2016年，"核心素养"的提出，正是从学生的终身发展着眼，把"实践创新"作为学生的六大素养，旗帜鲜明地提了出来。2017年，高中新课程标准正式提出了学生的化学学科核心素养，由重视教学中"化学知识体系的科学性和系统性"，转向重视"学生化学核心能力和化学素养的生成"；由重视学生"化学知识结构"，轻"学生能力"培养，转向促进"学生化学能力提升和全面发展"。

在现实教学中我们经常面临以下困境。

一是没有利用好当地资源。如"海水中的化学"这个单元，是我们鲁教版教材的一个特色，山东有着较长的海岸线，山东半岛地区有着丰富的海洋资源，制盐从春秋战国就在莱州湾畔兴起。但是，虽然大海近在咫尺，我们却会被很多"枷锁"禁锢，如学生人身安全问题、资金来源问题、教学时间问题等，教学上宁肯纸上谈兵，也不敢越雷池一步，带领学生实地考察一下晒盐的本末始终。《为学》上说："不是不能也，而是不为也！"即使上述问题都解决了，我们往往也会面露难色，该如何开展课外实践活动？如何把实践活动开发成一项特色课程？

二是没有给学生提供尽量多的动手实践机会。当前，学生大部分时间被封闭在学校里，少有机会接触社会，动手实践的机会少，动手能力差。虽然初中化学有8个学生必做实验，但是分摊到每个学期却屈指可数。我们往往把视野局限在教材和课本，没有更多地从生活中发现具有实践探究价值的素材，没有及时用学生身边的这些鲜活的素材去充盈我们的教学。长此以往，窄化了学生的视野，禁锢了学生的头脑。

三是"考什么就教什么"。追求眼前利益的思想把学生逼进了题海，而把我们沦落为"解题""讲题"的一个工具。实践证明，这使得"展示化学学科魅力"成为一句空谈，使得学生过早地失去了学习的兴趣，学生的终生发展更无从谈起。一部分学生到了高中恐惧化学学科，选课的时候果断放弃化学。教师身上既有"传承"的责任，也有"创新"的责任。我们往往忽视了自己课程开发的能力，工作中没有把自己定位成一个研究者的身份，用一句"研究是专家学者的事情"给自己轻易设限。我国基础教育课程改革的一项重大举措是"赋予教师课程开发、课程编制"的权利，而我们却在课程开发这件事面前逡巡不前。

（二）初中化学社会实践主题实践性课程的现状

1. 国外现状

国外研究最为突出的是项目式学习，它是一种动态的学习方法，让学生们主动探索现实世界的问题，从而在这个过程中领悟更深刻的知识和技能。项目式学习已经在北欧、北美等许多国家的学校被广泛应用。《中国教育报》在名为《2019基础教育风向标：项目化学习》一文中提道：在新的一年中，素养时代最为重要的学习方式——项目化学习（即项目式学习），将进入主流学科，而不再止于边缘活动，它在北京、上海等前期探索的城市将持续大热，而在其他地区则开始萌芽，会有更多的教育者运用项目式学习的要素改造原有的主题活动和学科拓展活动。项目式学习源于美国，美国中小学教师喜欢以学生感受到的社会实际问题为题目来设置课程。教师和学生互教互学，课堂内外活动相结合，学生走出课堂，专家讲座请进教室。教学以单元设计，单元结束时，学生完成研究报告、做口头演讲，或参加知识和解决问题的测验。这种教学方法深受学生的欢迎，因为学生们跳出了枯燥的课本阅读，进入了学与用结合的过程，体验到知识能解决实际问题的甜头，由此增加了学习动力。

项目式学习打破了学科之间的界限，打破了课内和课外的限制，其中，教师引导学生自主探究是项目式学习的主要特征。它要求教师要创造性运用、开发教材，利用好学生身边的资源，着重技能的培养，通过创设真实的问题情境，引导学生自主制订和修改计划，通过计划的实施、反思、修改、成果展示等环节完成项目。它体现了学科知识与学生生活实际的高度融合，多方位、立体化地擘画了学生学习的新模式，受到世界的关注。

2. 国内现状

目前国内的专家、学者和一线教师从化学学科角度，提出了化学教学融入学生生活和社会实践的主张，提出将学习、研究和探索融入学生的生活世界和社会实践之中，让学生发现生活中的学问，学会创造新生活。围绕化学教学融入学生生活和社会实践问题，国内教师重点从两方面开展了研究：一方面是家庭小实验的研究，另一方面是化学社会实践的研究。

（1）家庭小实验方面的研究

目前主要的研究方向是如何指导学生开展好家庭小实验，包括实验课题的选择、实验方案的设计、实验材料的选择、认真观察实验现象、认真记录实验结果、撰写实验报告，等等。许多教师设计出了生动有趣的化学家庭小实验，如家庭小实验：点不燃的"纸"（表2-1）。

表2-1　家庭小实验：点不燃的"纸"

小实验名称	点不燃的"纸"	
家庭用到的实验器材及药品	铜棒、两张相同的长条白纸、火柴	
实验步骤	用火柴直接点燃其中的一张纸条	将另一张纸条先螺旋地紧紧缠绕在铜棒上，再去点燃
实验现象	纸条迅速燃烧	纸条没有燃烧
实验结论或解释	纸条与充足空气接触，被点燃时温度达到着火点迅速燃烧	纸条没有与充足空气接触，温度没有达到着火点不能燃烧。因为铜具有良好的导热性，点燃时将接受的热量迅速传导散失。
友情提示	铜棒是金属，具有良好的导热性，注意切勿烫手	

家庭小实验的研究拓展了学生学习的空间，提高了学生学习的兴趣，锻炼了学生的动手能力、观察能力、记录和反思的能力，等等，但是，也暴露出以下问题。

1）从开展形式看，以程式化验证实验为主，实验方案成为教师的"锦囊"，学生只是打开"锦囊"，依计行事而已，缺乏了对学生思考力和创造力的引导。

2）从选材范围看，不利于学生从化学视角认识生活，为实验而实验，停留在"趣味性+化学原理解释"的表层，没有引导学生进一步认识化学实验、化学现象对于自身、生活和生产的意义。

3）从实验结果的使用看，目前的家庭小实验只是一次动手操作之后的书面作业而已，这样只是加重了学生的课业负担，时间久了会让学生生厌。

4）从课外指导来看，对学生的人文关怀不够。有的学生和家长疲惫于购买实验器材和实验药品，在家自行做实验。由于缺乏教师对实验方案的审查和指导，导致了一些意外的发生，例如，学生把生石灰干燥剂放在了水杯中，由于拧紧了盖子，引发了爆炸。

总之，当前在家庭小实验研究方面，基于核心素养理念的家庭小实验研究尚属起步阶段，停留在理论研究层面，如《核心素养视角下的中学化学家庭小实验的开展》。但是，针对地方特点、年级特点的家庭小实验开发、实施尚属空白，缺乏操作性的理论和实践研究。

（2）化学社会实践活动方面的研究

学科实践活动不等于综合实践活动，它是学科知识与生产实际的对接，是给学生创造的一个真实的认知环境，是引导学生认识化学学习最终要应用、服务于生产、生活的最佳方式。古人的学习方式不仅仅局限于课堂，《论语·先进》篇有言："（曾皙）曰：'莫春者，春服既成，冠者五六人，童子六七人，浴乎沂，风乎舞雩，咏而归。'夫子喟然叹曰：'吾与点也！'"反观我们当前的教学，缺乏了这样的深度体验，何谈情感的共融共通，只能是纸上谈兵。在化学社会实践研究方面，一方面重视资源的开发，如《让地方资源成为化学社会实践的源泉》。另一方面重视学生实践能力的培养。但是，目前在安全形势逼人的前提下、在课业紧张的形势下，缺乏具体实施方案等操作层面上的研究。

（三）初中化学社会实践主题实践性课程的内涵与目标

1. 课程的内涵

1）初中化学课外实践活动：《学记》中记载："大学之教也，时教必有正业，退息必有居学。"所谓"正业"就是指课堂教学，"居学"就是指课堂教学以外的活动，即受教育者在课堂学习之外，还要进行与课堂学习有关的课外活动。初中化学课外实践活动是指秉持"从生活中走进化学，从化学中走向社会"的理念，精心选择那些学生熟悉并蕴涵生活意义的典型素材，结合具体的化学知识，设计相关的化学走访、调查、实验等活动，达到课堂教学与学生课外自主获取相关知识的相得益彰的效果，使学生全方位地认识问题、解决问题，从而激发学生的学习兴趣，提高学生的学科素养。

2）基于核心素养的化学课外实践活动课程是指在化学学科核心素养目标指导下的学生课外实践活动，是通过设计、论证、构建的校本课程，是初中化学课程体系的有益补充，旨在引导学生在生活和社会实践中学会知识的应用、拓展，提升学生的学科能力。

2. 课程设计的目标

1）以学科核心素养为导向，依托学生身边的资源，开发基于化学学科的身边资源的实验探究活动、调查研究活动，开发以课外实验探究为主的社会实践课程。

2）以学科核心素养为导向，依托当地资源，开发基于化学学科的学生社会实践体验活动，开发以走访、调查、体验为主的社会实践类实践课程。

3. 课程解决的问题

初中化学作为基础教育的启蒙阶段，其特点是以实验为基础。在当前阶段，如何促进化学教学与学生生活和社会实践的融合，促进学生核心素养的形成，需要从小处着手。化学课外实践性课程要解决的主要问题如下。

学生层面。一是实践育人，通过课外探究活动，形成正确的价值观。二是实践育智，形成科学的观察、分析、总结、推理、应用等能力，学会透过化学学科认识和解决生活中的实际问题。三是激发自觉意识，形成自觉探究习惯。四是合作破解难点，形成善于求助、懂得合作、善于倾听、能够质疑的科学探究态度。

教师层面。一是解决教学思想滞后问题，解决初中化学教学中重知识灌输、轻实践活动设计与指导，重习题训练、轻活动拓展训练的问题。逐步拓展教师的视野，促进专业成长。二是学会成果的累积和固化，透过理论研究，应用于实践，能够围绕课题撰写相关设计方案、总结、反思、随笔、论文等，提高理论水平。

社会层面。合作育人，构筑社会、学校、家庭三位一体的育人环境，拓展化学学科教育的空间。

钟启泉在《基于核心素养的课程发展：挑战与课题》一文谈道："核心素养"的核心既不是单纯的知识技能，也不是单纯的兴趣、动机、态度，而在于重视运用知识技能、解决现实课题所必需的思考力、判断力与表达力及其人格品性。学校课程与学科教学指向学会思考的"协同""沟通""表现"的活动，而不再仅仅局限于"读""写""算"技能的训练。初中化学社会实践主题实践性课程就是以"学生终身发展的核心素养"这一定位开发的，在现实情势与未来发展之间找寻并探索出一条初中化学课程改革之路。

二、初中化学社会实践主题实践性课程的开发

（一）课程架构

卢巍老师曾指出：化学基本观念的形成既不可能是空中楼阁，也不可能通过大量记忆化学知识自发形成，它需要学生在积极主动的探究活动中，深刻理解和掌握有关的化学知识和核心概念，在对知识的理解、应用中不断概括、提炼而形成。她提出了化学基本观念、核心概念、具体知识之间的关系，见图2-1。

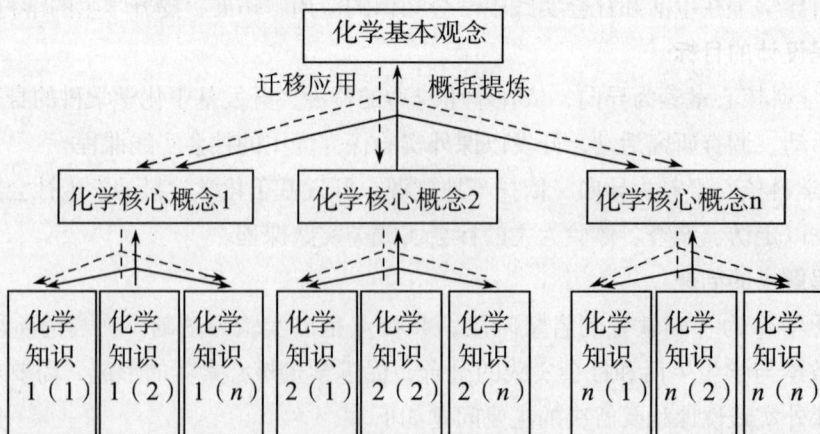

图2-1 化学基本观念与具体知识间关系图

初中化学社会实践主题实践性课程框架的构建具体依据了如下原则。

一方面，从形成化学学科素养所需要的素材来看，要选择合适的、能有效形成化学学科素养的核心概念以及能形成这些核心概念的具体的化学知识。

另一方面，从化学学科素养形成的过程来看，要充分调动学生思维的积极性，使学生在积极主动的探究活动中，深刻理解有关的知识，并通过具体应用不断提高知识的概括化水平。

因此，我们依托教材单元教学要求，围绕素养目标，选取并利用典型的地方资源和学生生活中的资源开发学生的课外实践活动。它不仅仅是课内学习简单的补充、延伸和拓展，更是成为学生情感点燃的催化剂、学生能力提升的载体和阶梯、学生化学观念形成和素养提升的有效推进剂。这也是构建社会、家庭、学校三位一体教育格局的有效途径之一。

（二）课程目标的设定

1. 课程目标设定的前提与基础

课程目标的设定是基于三方面的调查研究：一是课程创立实施者——教师的现状分析；二是课程实施的主体——学生的现状分析；三是课程创立实施的社会支持主体——家长的现状分析。

首先是课程创立实施者——教师的现状分析。我们对实验学校的化学教师进行了问卷调查，设计了《教师对核心素养应知应会》的调查问卷，通过问卷分析，教师们对核心素养的了解率占到了90%以上，但是研究不深，在教学过程中如何对接核心素养问题上，教师存在对"三维目标"与"学生核心素养"的模糊认识，不清楚两者的联系和区别。针对素养目标设计教学设计也是比较迷惑。我们还设计了《学科社会实践活动相关问题》调查问卷，调查结果显示教师普遍认为开展社会实践活动能够促进学生学习化学，在学科情感培养和学科能力培养方面会对学生有帮助。有80%以上的教师指导学生开展过相应的课外学科实践活动，并有了一定的设计实践方案的能力。有70%以上教师已经有意识地拓展学生的课外实践内容，大多数教师能够根据学情，从身边入手，从点滴做起，以培养学生的探究能力和实践育人为目的，一般在每一章学习过程中，留一个或两个理论联系实际的综合实践性作业。还有少部分教师能够带领化学兴趣小组走进社区、工厂实地参观、调查，开阔学生眼界。通过调查也发现大多数教师对活动的后续价值挖掘不足，缺乏课程的整合能力。

其次是课程实施的主体——学生的现状分析。我们设计了对每一个单元教学主题开设社会实践活动套餐，对学生进行了问卷调查。在是否愿意参与化学社会实践活动中，有90%以上的学生表示愿意，但也有10%的学生表示担心完不成书面作业。95%以上的学生对所开设的"社会实践活动套餐"表示出浓厚的兴趣，他们勾选出了最喜欢的内容，表示能够对所选课程提供自己的方案。但通过调查也发现，大多数学生的课外生活以应付书面作业为主，缺少实践活动。

最后是课程创立实施的社会支持主体——家长的现状分析实验。学校在家委会中进行"社会实践性课程支持调查",其中"您能举办何种形式的家长讲座""您能为实践活动提供何种便利"两项调查结果见图2-2、图2-3。

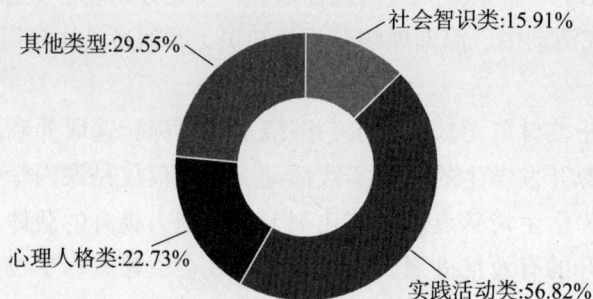

图2-2　家长讲座类型饼状图

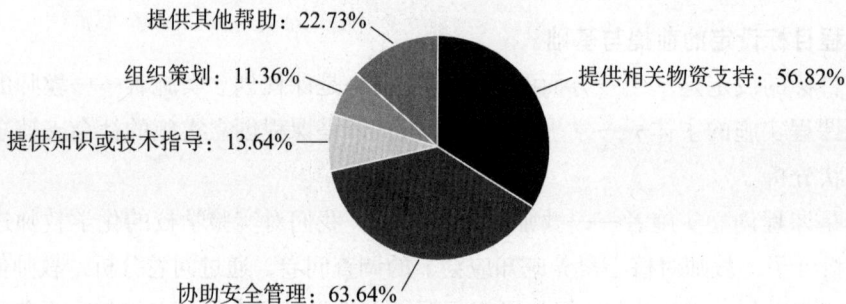

图2-3　家长提供实践活动便利类型图

从以上调查结果可以看出,绝大多数的家委会成员能够提供实践活动类讲座、物资支持和协助安全管理,部分有能力的家长还能提供心理人格类讲座、参与组织策划和提供知识或技术指导。在各类社会实践中,家委会起到了牵线搭桥、组织策划、物资支持等作用,这从社会层面上为课程实施提供了充足的资源。

2. 课程目标的内容

依据以上分析确立初中化学社会实践性课程目标如下。

学生层面:

1)实践育人。立足于立德树人、发展利于学生终身发展的核心素养。课外探究活动设计,一方面着重让学生通过动手探究、动脑思考、相互交流评价,形成良好的探究习惯。另一方面,通过探究活动,懂得科学合理运用多种资源,懂得节约、环保和可持续发展,从而实现探究育人。化学社会实践活动不仅仅帮助学生形成正确的探究意识和习惯,更能形成科学价值观。

2)实践育智。社会实践活动不同于以往的课外家庭作业,它既注重学科知识与技能的拓展,又注重探究能力和动手能力的提高以及情感态度价值观的提升。形式更加丰富,包括基于身边资源的课外实验探究活动、课外调查研究活动、课外参观走访活动等。在成果形成上，不仅仅局限于以探究报告方式呈现，最重要的是通过"成果报告会"的形式促进学生之间的交流与互助，生成活动，让成果报告会成为学生探究活动新的激发点和增长点。

3）激发自觉意识。课外探究活动突出教师指导与学生自主相结合。每一单元的探究活动以"自助套餐式"呈现，教师命题与学生自选相结合，学生自主设计探究过程与教师跟踪指导探究过程相结合，学生汇报成果与教师点评相结合。

教师层面：

4）培育良好的研究习惯。教师对每一次活动按照案例名称、设计意图、实施步骤流程、作业样本、总结反思进行整理，起到交流分享、积累经验的作用。

5）学会合作破解难点。教师通过集体备课，打磨单元主题课外探究活动，采取"主创教师+智囊团"的方式推出每一个单元的课外探究活动，"智囊团"的成员在教师参与的基础上，吸收班级学生参与。这种备课模式的创新有利于教师与教师、教师与学生合作破解教育教学上的难题。

社会层面：

6）形成学校、家庭、社会合作育人的良好氛围与育人合力。林崇德教授认为：核心素养兼具稳定性、开放性与发展性，是一个伴随终身可持续发展、与时俱进的动态化过程，是个体能够适应未来社会、促进终身学习、实现全面发展的基本保障。核心素养不仅能够促进个体的发展，同时也有助于形成运行良好的社会。因此，初中化学课外实践课程既是学生从化学走向生活和社会的桥梁，也是学校、家庭、社会合作育人、促进发展学生核心素养的纽带。

（三）课程内容的确定

史宁中教授指出："学生综合素质的形成既来自课内也来自课外，既来自校内也来自校外，既来自书本也来自学生自主选择的各种活动。"我们在课内外结合和校内外结合的原则基础上，根据课程标准、化学学科核心素养，紧扣教材，围绕每一章节教育主题，确定了"实验类""制作类""调查类""参观走访类"社会实践活动内容。在课程内容的选择方面我们坚持"套餐式"原则，通过对活动载体、核心素养培育价值分析，利用团队集体智慧，集思广益确定每一个教学单元的"套餐式"活动内容，给教师和学生以选择的权利，并通过实施和评价进行进一步优化。

（四）课程资源的选择

凌宗伟在《好玩的教育：学校文化重建五讲》中指出："所谓教育，不一定非要拘囿在教室之中——校园、野外、大自然，乃至目之所及，都可以是无形的教育场所和教育资源；而且心灵和智慧在教室之外获得的东西，是完全无法由任何一种优秀的课堂所替代，哪怕是痛苦和挫折也有他们存在的道理。"在化学社会实践活动载体的选择上，我们一方面对现有资源进行分析和利用：实验学校依据家长委员会资源，尝试开发了"诚源盐场""云峰水厂""山东海化""食圣公司""三山岛金立矿区""方泰冶金"等课外参观走访类实践活动；依据学生身边的资源开发了"花色苷的秘密""浮起来的硬币""铜丝灭火"等课外实验实验类活动；依据社区资源开发了"商场里的消防措施""垃圾分类话塑料"等课外调查类实践活动。另一方面，根据《义务教育化学课程标准》中的"活动与探究建议"进行重新开发。

（五）课程评价方法

初中化学课外实践的评价更趋向于"表现性评价"，即从质的角度，以能够产生思维必然性的某种情景的学习者的行为与作品（表现）为线索，对概念理解的深度与知识技能的综合运用进行的评价。实际上，学习者在学科教学中习得的知识、技能也未必知道如何去应用，"表现性评价"的重点是评价学生对知识的应用能力。因此，我们无论是从过程性评价还是终结性评价，都体现了"表现性评价"这一特点。

对每一个社会实践活动给出过程性评价和终结性评价。从活动前的筹备工作，活动中的流程设计，活动后的后续深研方面做出过程性评价；从目标指向、实操效果、推荐价值方面做出终结性评价。评价的结果用于对课程内容的进一步优化及课程成果的深度研究两个方面。

钟启泉教授指出："学习评价"不是测定学习的结果，而是关注学习的本身，可以说"为学习的评价"，其终极目标就是"学习的学习"。"学习评价"不是对学生"过去"的终审判决，而是"始发站"。在这个始发站里，教师应当为每一个学生个性化的"未来"提供希望与展望，给予他们探索未来世界的勇气。

我们以此为导向，通过评价，给予学生组织和参加活动行为和方法上的指导，就像攀登山顶那样，不是教师冲在前头，而是引领学生自身检点、评价自身的学习状态，然后自己设计应当进击的方向，自主把舵，自我构建。

三、初中化学社会实践主题实践性课程的实施

（一）课程内容

课程开发的基础在于"单元设计"，在跨学科的"活动课程"的单元设计中要有效地求得多样而均衡的实践技能的培育，就得精心组织"探究"（Explore）、"表达"（Express）、"交流"（Exchange）的活动，这就是"3E"活动的构成，这种课程开发在国外积累了丰富的经验。日本学者梳理了学校教育中基于"21世纪型能力"而开发的"综合学习"的六种模型：① 调查研究单元模型；② 综合表现单元模型；③ 社会参与单元模型；④ 企划实践单元模型；⑤ 合作交流单元模型；⑥ 自我实现单元模型。作为跨学科学习的单元设计具有如下特征：① 以作业与制作活动为中心展开学习；② 主动展开项目的

规划、运作与评价；③ 具有"问题意识"与"目标意识"，实现学习者自身的想法；④ 展开"社会参与"与作品创作的设计活动；⑤ 通过体验，掌握综合的知识、技能与态度。整个单元学习的每一步活动系列都体现了学生作为学习主体，借助丰富的信息与体验，致力于时间课题的探究。这里"社会参与"与"实践活动"成为活动课程设计的关键词。

初中化学社会实践活动主题设计遵循单元整体设计的原则。尊重学生的主体地位，遵循"跨学科学习"的单元设计特征，开发出了"实验""制作""调查""走访""体验"五个类型的活动，突出学生的"生活体验"与"社会参与"两个关键词特征，构建起了社会、家庭、学校三位一体的化学教育格局，为学生的素养形成提供了更丰富的载体。

（二）课程的实施

课程实施紧紧以落实学生发展核心素养、化学学科核心素养为目标，以发掘地方特色资源和学生身边资源破题。团队合作开发并实施课外实践课程，通过学生的实践活动，提升学生的素养水平，将化学教学提升到一个新的高度。学生在教师的指导下合作完成实践活动内容，开拓学习视野，从化学课堂到生产生活实际，感受化学学科的魅力，学会化学研究的一般方法，为后续发展奠定良好的基础。

1."课外实验类"课程实施

"课外实验类"实践活动课程实施的基本流程如图2-4所示。

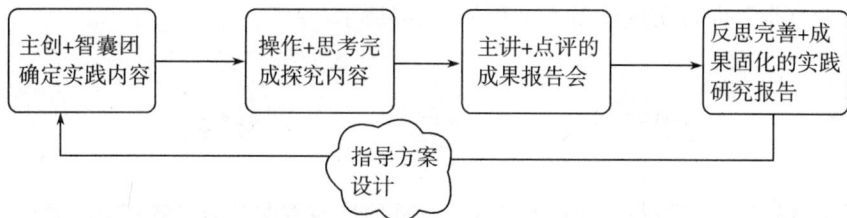

图2-4 "课外实验类"实践活动课程实施基本流程图

以《花色苷的秘密》课程开发与实施为例，过程如下。

课程资源来自五四制鲁教版化学教材九年级第二单元第三节《溶液的酸碱性》课后家庭小实验。

> 取花盆中的少量土样，放在试管里，加入3～5 mL蒸馏水，振荡后静置。
>
> 取上层澄清液，用pH试纸测定其酸碱性。根据测试结果，判断花盆中土壤的酸碱性是否适宜花的生长。
>
> 自制酸碱指示剂：取植物的花瓣或果实（如紫罗兰花、牵牛花、月季花、紫卷心菜和紫萝卜等），分别在容器中捣碎，置于瓶内，加入少量白酒（或少量水）搅拌均匀，封住瓶口，浸泡。
>
> 用纱布将浸泡出的汁液挤出，即得到不同颜色的酸碱指示剂。
>
> 实验自制酸碱指示剂在白醋、肥皂水（或你感兴趣的其他物质）中的颜色变化情况。

如何从学生发展核心素养角度开发并实施这个课后小实验呢？

主创教师一开始的方案是检验学生动手能力，自制酸碱指示剂并进行酸碱性的检验实验，目的是对课本知识的延伸和验证。经与"智囊团"的研讨。主创教师根据本次课题实验的指导思想以及提出的创新点，对方案和实施进行了改进。

通过设计问题组细化"指示剂"的制作过程，用"生活中是如何从植物中提取有效成分的？"这样的问题引发学生调动已有知识经验解决自己所面临的探究问题，学生想到了"泡茶""泡药酒""榨汁"等，再现了生活中分离提出物质的方法，加深了课本知识与生活实际的联系。用"你能用生活中的一些用品实现过滤操作和滴加药品等操作吗？"这样的问题启迪学生去观察和创造，学生用纱布和饮料瓶制作了过滤器，用开塞露瓶子制作了滴管等。

通过"成果汇报会"将学生的思维引向深入。学生发现用紫甘蓝、牵牛花、红心火龙果、紫薯制作的浸取液都可以做酸碱指示剂，教师趁热打铁："为什么它们遇到酸碱能显示不同的颜色？"这样引导学生从观察现象到分析实质，形成"物质分类""物质的组成和结构决定物质的性质，物质的性质决定物质的用途"等观念。教师播放"吕长富打假"视频，让学生体会指示剂的作用，学生为"通过纯碱溶液检验真假红酒"点赞，增强了学好化学服务社会的信心。

2. "走访调查类"社会实践课程的实施

"走访调查类"课程实施的基本流程如图2-5所示。

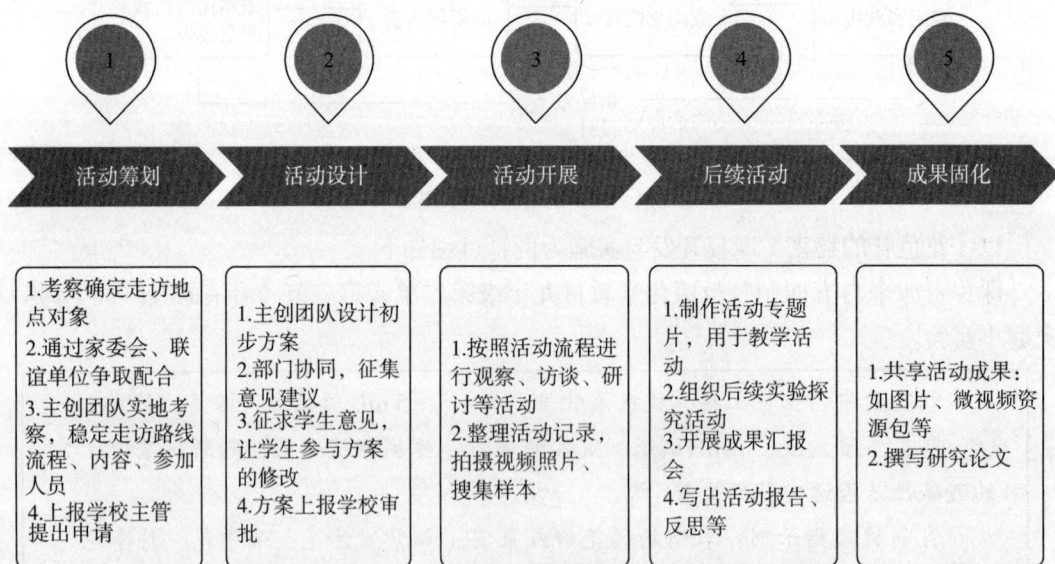

图2-5 "走访调查类"课程实施基本流程图

以"体验海水晒盐"为例（见案例二《银海晶盐的秘密》），过程如下。

（1）活动筹划

借助家长委员会解决联系工厂，争取厂方配合问题。我们了解到家长委员会的成员中恰好有盐场的厂长，我们说明了意图，设立校外学生实践基地的思想得到了厂方的大力支持。厂方在活动当天给我们解决了交通问题，为参观期间规划了活动线路图，提供了讲解员，并做出了安全预案。活动也得到了学校的支持，学校提供了录像和视频制作支持，帮助我们完成安全预案的制定和活动的审批。

（2）活动方案的制定

活动方案的制定是在校方支持的基础上制定的，方案包括活动目标的设置，活动流程的设计，安全方案及后勤保障，活动成果的达成等事项。

（3）活动成果的整理

围绕活动的以下目标对活动成果进行了整理：① 探究海水制盐的流程，了解制盐过程中的饱和溶液、结晶等基本概念，亲身感受制盐过程中所蕴含的科学道理；② 了解粗盐的加工过程，了解洗盐等工序所蕴含的科学道理；③ 了解我们当地的食盐资源开发利用情况；④ 了解食盐的用途；⑤ 形成资源意识，对资源进行合理开发和保护；⑥ 采集原盐、卤水样品，探究其成分；⑦ 制作探究活动过程中的视频和图片资料用于教学；⑧ 认真观察，善于发问，有问题意识；⑨ 自主探究能力的提升。

（4）课程实施过程中容易出现的问题

① 与厂方缺乏沟通，没有提前到实地调研，结果预设方案与实地调查有出入，给活动造成了困扰。参观建厂历史方面，学生兴趣不大，其实可以加入对学生关注民生的教育，使他们更热爱党、热爱社会主义祖国。

② 活动过程中走马观花，缺少了现场提问的设计，不利于学生问题意识的培养。

③ 活动后的视频资料处理不到位，没有开发好后续教育价值。

（三）课程实施成果

1. 带动教与学方式的转变

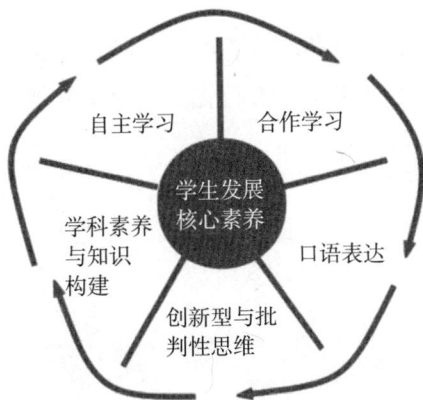

图2-6　学生课堂行为与核心素养关系图

从课程开发研究之初，我们就"课题研究如何对接课堂教学""学生发展核心素养如何衔接学生能力的培养"等问题做了深入的思考和分析。提出了从学生的"自主学习""合作学习""口语表达""创新型与批判性思维""学科素养与知识构建"五个方面的能力提升入手，促进学生核心素养的发展，见图2-6。

以《钢铁的锈蚀与防护》为例。课前，让学生做了一组对比实验：将铁钉装在有干燥空气的密闭试管中、完全浸没在试管的冷开水中、只有一半浸在水中以及把铁丝绕成团，蘸上食盐水露置在空气中，然后让学生比比哪种方式生锈速度慢。

围绕这个实验，学生的问题五花八门："为什么要用干燥的空气？""怎么把空气弄干燥了？""为什么前两支试管要密封，后两支试管要敞口？"……

在随后的课上，学生们运用各种知识去解决问题。由于问题的存在，整堂课波澜起伏。时而，学生们沉浸在静静的思考中；时而，学生们进行着激烈的交锋——智慧的种子，就这样悄悄播在了学生心中。

课程实施过程中推动了课堂的改变，推动了学生学习方式的转变。学生透过自主学习提出问题，通过合作学习解决问题。他们在课堂交锋中锤炼口语表达能力，提升了批判性思维，培育了创新思维。这些教与学的活动是"学会学习""科学精神"的最好载体。如初三年级学生以"银海盐的秘密"为主题开展了项目学习活动。他们到土山盐场实地调研，与盐场工人一起参与了"海水析盐"的实践过程。学生们了解了"滩场"生产结构，计算水的蒸发量，分析盐的主要化学成分及物理性质，通过实验掌握了盐的解析过程，了解了盐的用途以及食用盐和工业盐的分类，了解到海洋过度开发对海洋生物资源的影响等知识，科学精神与社会责任感等学科核心素养得到极大提升。

课程实施过程中"依托地方资源的学生社会实践活动"部分，实现了从课堂走向生活、走向社会的转变，契合了"从自然生命之长、精神生命之高、社会生命之宽，去关照每一个生命的成长"的创生教育理念，从一个更高的站位引领教师对自己教育生命的审视。在学生能力素养的建设基础上，提出了教师"六能"的建设，即目标设计能力、创设情境能力、问题设计能力、差异教学能力、方法指导能力、德融学科能力。

2. 对学生学科素养的拉动

社会实践性课程的实施对学生核心素养提升有拉动作用。通过对实施社会实践性课程和未实施社会实践性课程的两组学生进行化学学科素养评价，可以看出实验组优、良率提升明显，见表2-2。

表2-2 学生化学学科核心素养指标前后变化对照表

评价指标	评价要素	评价标准	优良率对照（2017.12—2019.12）			
			实验组		对照组	
			前期	后期	前期	后期
宏观辨识微观探析	1. 能认真观察物质，对物质的状态及变化能准确描述与记录 2. 能从微观角度理解物质性质及其变化 3. 能用适当的符号表征物质及其变化	优—10 良—8	优11.5% 良24.3%	优29.4% 良45.2%	优12.7% 良25.6%	优15.9% 良31.2%
变化观念平衡思想	4. 能够主动找出活动中涉及的各种变化，通过观察认识到物质处在不断的变化中，变化的特征对变化进行分类研究 5. 认识到变化是有条件的、可控制的。认识到控制反应条件对生成物的影响在实际生产中运用的价值 6. 能从定性和定量角度分析物质的变化。认识到定量、定性分析在生产实际中的重要作用	优—15 良—12	优10.7% 良23.1%	优28.9% 良44.2%	优11.8% 良21.3%	优24.6% 良37.2%
证据推理模型认知	7. 能够熟练运用物质的组成和结构与物质的性质、物质的性质与物质的用途之间的关系分析解决问题 8. 学会收集各种证据，能够基于实验和客观事实证实或证伪	优—15 良—12	优9.5% 良22.7%	优29.4% 良43.8%	优8.7% 良21.6%	优24.8% 良37.3%
科学探究创新意识	9. 在活动中善于发现和提出有价值的问题，有自己的见解和看法，能够围绕问题提出解决方案 10. 善于倾听，能够及时提出质疑，分析并阐释自己的观点	优—10 良—8	优9.4% 良19.9%	优27.1% 良39.9%	优9.5% 良20.3%	优23.5% 良33.2%
科学态度社会责任	11. 能够详细地做出活动的安全预案，善于对安全问题进行反思和总结 12. 能够针对环境保护和资源合理开发提出自己的见解和看法，具有"绿色化学"观念和可持续发展意识 13. 能运用已有知识和方法综合分析化学过程对自然可能带来的各种影响，权衡利弊，强化社会责任感，积极参与有关化学问题的社会决策，并提出自己的建议	优—10 良—8	优12.3% 良22.2%	优29.4% 良46.2%	优11.7% 良22.7%	优24.8% 良39.8%

四、初中化学社会实践主题实践性课程案例

化学课外实践活动是化学课堂的延伸和补充，在推动学生自主探究和能动学习方面发挥了突出的作用。初中化学课外实践活动主题课程的案例来源于生产和生活，贴近鲁教版九年制初中化学教材，经历了从"创意设计"到"开发实施"，再到"修改完善"的过程，经受住了时间的检验，受到了历届学生及家长的喜爱，在推动社会、家庭、学校合作育人，促进学生发展核心素养落地方面必将起到较好的启示作用。

案例一：

"探究生命之源"化学学科核心素养社会实践课程实施方案

一、课程背景

水是人类生存的生命之源，保证居民的饮用水安全是国家的大计。2005年建成的云峰水厂实现了莱州西南乡镇村村通自来水工程，是一项民生工程。这些素材蕴含着丰富的立德树人教育价值。同时，八年级化学刚刚学习了《自然界中的水》，在这节课的学习过程中，学生习得了"天然水净化"的各个流程及净水的原理。古诗云："纸上得来终觉浅，绝知此事要躬行。"为了让学生真实地了解自来水生产的实际，将理论与实践相结合，经与家长委员会筹划，举行此次以"探究生命之源"为主题的社会实践活动。

二、课程学习目标

1）了解云峰水厂的建设历史，了解党和国家在改善民生方面做出的卓越业绩，体验社会主义制度的优越性，激发热爱祖国、热爱中国共产党，为祖国更加美好而努力的赤子之情。

2）了解莱州水资源的分布及来源情况，增强珍惜水资源、合理利用水资源的紧迫感和责任感。

3）通过参观自来水生产的流程，进一步明确"沉降""过滤""杀菌消毒"等流程的原理，以及实际生产过程中的操作方法。

4）在活动的筹划、实施、总结的各个阶段，通过让学生设计参观流程、主持词、问题设计等手段，提高学生的实践能力，培养学生的科学精神。

三、课程活动设计

本次探究活动着眼于"科学探究与创新意识""科学精神与社会责任"两大素养的形成，共设计两大活动。

（一）参观访谈活动

1）设计访谈的流程：活动准备（人员组织、物资保障、安全预案等）→活动阶段的主持词和参观导引设计（联系厂方确定）→活动总结阶段（发言准备及次序）。

2）问题预设：针对本次访谈你打算提出哪些问题？在参观过程中通过观察，你还能

提出哪些问题?

（二）活动报告撰写活动

通过参观访谈，请以《珍惜生命之源》为题写一篇访谈调研报告。

四、 过程与方法

（一）第一阶段：活动准备阶段

1. 组建活动小组

撰写张贴本次活动海报，宣传本次活动的目的及意义，自主组建课题小组。

2. 对接联系厂方

3. 根据参观流程设计预设问题

1）参观流程如下：进入厂区了解建厂历史，按沉降车间、过滤车间、加药车间、清水池次序参观厂区，听厂区工作人员介绍生产情况。

2）提出预设问题：本次课题小组成员。

（二）第二阶段：参观、访谈阶段

1）集合地点。

2）集合时间。

3）活动地点。

4）活动时间。

（三）第三阶段：活动资料整理报告撰写阶段

1）音视频、图片资料。

2）撰写报告。

（四）第四阶段：活动评价阶段

1）活动报告评价。

2）学生自制简易净水器评价。

3）资料汇总制作评价。

（五）第五阶段：总结交流、成果展示

1）举行参观汇报会，以PPT的形式开展报告讲演。

2）自制简易净水器展示交流活动。

3）莱州市水资源现状及节约用水倡议小论文展评活动。

五、 课程学习评价

本次课程实践活动从活动参与、资料汇总、制作展示、讲演评价等方面对学生的表现给出评价，激发学生参与活动的热情。通过活动的开展充分展示学生的合作意识、问题意识、动手能力，提高学生的科学素养，培养学生的责任担当。

附件：

"探究生命之源"社会实践活动报告

一、活动组织

10月19日风和日丽，在八年级六班班主任李丽老师带领下，"探究生命之源"化学学科核心素养项目学习兴趣小组在学校东门集合，见图2-7，一起踏上了本次探究之旅。

图2-7　兴趣小组在学校东门集合

如今，云峰水厂、饮马池水厂已经是孩子们的实践基地，每年都有学校的项目学习小组走进水厂，兴致盎然地探究自来水的生产流程，将课本知识与生产实践紧密对接，见图2-8。

图2-8 师生来到了云峰水厂

二、活动特点

1. 把立德树人摆在首位

云峰水厂的建厂历史是本次的第一站。学生们认真阅读厂史，见图2-9。

图2-9 学生在了解水厂的历史

云峰水厂是2005年动工建设的一项民生工程。莱州西南几个乡镇处于严重缺水状态，以土山镇为例，由于海水倒灌，地下水基本不能饮用。市政府斥资3000多万元动工建设云峰水厂，最终实现了村村通自来水，结束了西南几个乡镇老百姓靠到外地拉水车吃高价水的历史。烟台市水资源短缺，特别是2014年以来，西北部的莱州、招远、龙口、蓬莱四县市平均降水量比往年偏少三成，地表蓄水严重不足，地下水位下降明显。2015年4月25日，根据山东省胶东调水局指令，烟台应急引黄调水工程正式调水，黄河水首次进入烟台。这项工程改变了烟台市自古无客水的状况，形成本地水与客水双保险的城市供水格局。引黄河水进入烟台这又是国家一项具有前瞻性的重大民生工程。据水厂工作人员介绍，2018年莱州较以往年份降水量不到一半，如果没有黄河水，人民的生活、工业的生产将得不到保证。

通过现场采访，学生真切地感受到水资源对于国计民生的重要作用，感受到新中国70年来在民生保障方面所取得的巨大成就，"饮水思源"，使得现场的学生、家长、教师受到教育。珍惜水资源、节约用水的共识基本达成。

2. 将环保意识和安全教育融入活动

一进工厂，厂方发给每一位参观者一小瓶矿泉水，饮用完的矿泉水瓶，李老师及家长带领学生放回了纸箱，以便回收利用。进入沉淀池和过滤池的楼梯很窄，仅容一人通过，学生们排好队，人与人之间保持一定距离（图2-10）。李老师告诫学生："不要让好奇心冲淡了我们的安全意识！"将安全教育贯穿实践活动的全过程。

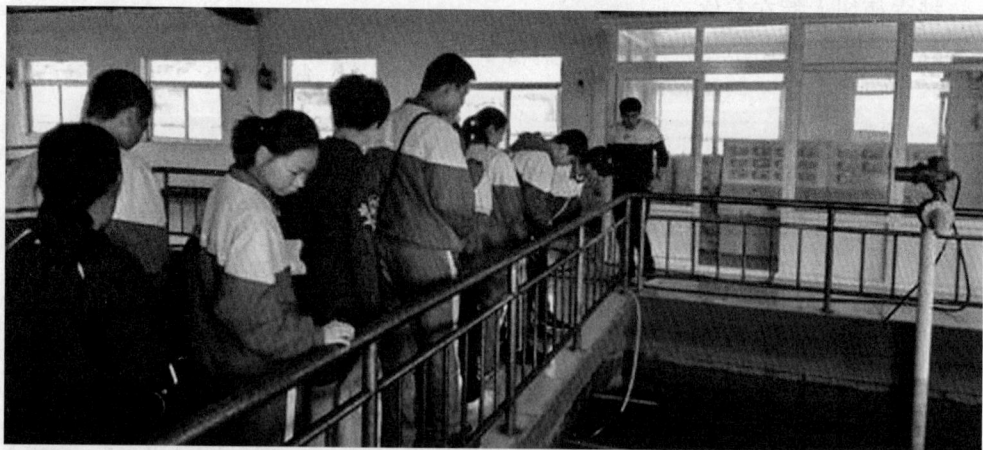

图2-10　学生们有序参观沉淀池

3. 将科学精神与社会责任的培养贯穿活动的始终

我还观察到一个细节是，讲解人员讲道："黄河水一开始是在临疃河水库储存的，现在是通过泵站直接输送到水厂加工。"李老师接着让学生思考这是为什么？本来是一个非常普通的环节，但是细心的李老师却通过敏锐的观察和思考找出了其中蕴含的价值。原来，3年前一次到临疃河水库考察中，李老师发现水库在往里调水，现在水厂却改变了这样的做法。这个问题不是预设的问题，但是，李老师思考这种做法的背后肯定蕴藏着一定道理，这正是激发学生探究精神和科学精神的最好契机。于是，大家进行了现场讨论，见图2-11。李老师让水厂的师傅先不要揭示答案，鼓励大家踊跃发言。学生经过一段时间思索之后，开始叽叽喳喳讨论起来，彼此交换看法之后，代表发言时刻到了。"可能是避免二次污染吧，在水库中会受到藻类等的再次污染，在处理起来的时候就困难了。""如果贮存在水库中，莱州的天气非常干旱，蒸发会损失一些。""有可能是节约成本，水库的地势较低，再次调水进入水厂会增加不少成本。"听了学生们的回答，水厂工作人员频频点头，学生们的猜想与实际情况非常接近。

图2-11　活动期间组织的讨论活动

正是由于李老师的有效引导，学生们的问题意识得到了激发，在参观的整个过程中，学生们围绕对象提出了一个个有价值的问题。参观沉淀池环节："明矾活性炭等是如何被加入沉淀池的？""为什么要将消毒剂先加进沉淀池？""沉淀池放出的浑浊废水都排放到哪里去了？"等。参观过滤池的环节："为什么过滤池被设计成一节一节的？""过滤用的沙子需要更换吗？多长时间更换一次？"等。加药车间："现在的消毒剂为什么将氯气改成了二氧化氯？""硫酸铝钾是明矾吗？它的净水机理是什么？"等。清水池："打开自来水有一股消毒水的气味，是氯气吗？""如何去除这股味道？""我们学校饮用的水经过进一步净化，喝起来的味道比自来水好喝，桶装水的生产又去除了哪些成分？"一切科学探究都源于人类的好奇，有效的引导能够激发学生的好奇心和探究欲，本次活动显然起到了这个效果。

4.将评价和激励有效贯穿于活动

评价是项目式学习的重要环节。评价设计的前提是要思考让学生展示什么样的成果。评价分为活动前、活动中、活动后。

展示活动和评价活动促进了学生从深层次去思考问题，成为学生下一次探究活动的新的生长点。评价的目标指向性明确，把本次项目学习的功课做足，使得学生的身心得到洗礼和成长。

"假舆马者，非利足也而致千里；假舟楫者，非能水也而绝江河。"在学生核心素养研究生根落地背景下，有效地设计和推动此类项目式学习，除了带给人"无边风景一时新"的感受之外，更会达到校内教育无法企及的教育高度。

案例二

"花色苷的秘密"社会实践活动课程实施方案

一、实践活动设计与实施

（一）实践活动设计背景

从物质的视角认识我们的宏观世界是化学研究的方向。"物质的组成和结构决定物质的性质，物质的性质决定物质的用途。"这是化学学科的重要学习思想。宏观辨识与微观探析是重要的学科核心素养。秋天来了，大自然中的植物换了妆容，植物的叶子褪去了绿色，黄了，红了，如魔术师一般。在欣赏大自然美景的同时，能不能让学生从化学的视角认识这一切的变化呢？从变化入手认识物质与物质的性质，从物质的性质入手认识物质的组成和结构，这是本次课外实践活动设计的初衷。

（二）实践活动设计意图

巩固了分子、过滤操作、溶液特征、酸碱指示剂等知识。

学生的实验技能得到巩固和提高，特别是学生利用矿泉水瓶加纱布制作的过滤器，富有创造力。

通过变色反应认识花色苷这类物质遇到酸碱能变色的性质，通过遇到酸碱变色不同，认识酸碱物质在组成和结构上的差异。

学生对化学的情感得到了加深，学生一直在怀着好奇和喜悦的心情来获取知识，感觉化学学习是一件饶有兴趣的事情，通过自己的动手操作，对课本上比较抽象的知识有了感性认识。特别是通过查阅资料，学生了解到利用这种浸泡萃取的方法可以提取植物中的有效成分，这与药酒的泡制道理是相同的。这让学生感受到化学这一门基础学科，与人类生产生活息息相关，学好化学可以更好地服务人类生活，学好化学能够在化工、医药、生物工程等多个领域一展身手。

（三）学生的操作方法

1.收集资料

（1）植物叶子变色的原因是什么

（2）波义耳发现酸碱指示剂的化学史

（3）吕长富化学打假——辨别真假葡萄酒

2.动手操作

（1）活动名称

探究紫甘蓝浸取液的秘密。

（2）活动要求

1）制作紫甘蓝的浸取液：取紫甘蓝的叶子用白酒（酒精）浸泡，得到浸取液。

思考：如何做才能提高浸泡的效率？要将菜叶分离出来要通过什么操作？你能利用家里的东西来实现这样的操作吗？

2）用紫甘蓝的浸取液进行实验：

将紫甘蓝浸取液与下列物质混合，并记录实验现象，见表2-3。

表2-3 实验现象记录表

	肥皂水	纯碱溶液	洁厕灵	食醋（白醋）
紫甘蓝浸取液				

3）对实验进行反思：

① 请从分子角度解释制取紫甘蓝浸取液的原理。② 紫甘蓝浸取液是溶液吗？③ 紫甘蓝浸取液可不可以做酸碱指示剂？④ 利用网络查阅紫甘蓝的相关资料。⑤ 还有哪些植物的浸取液与紫甘蓝相似？

二、实践活动评价：

制定评价量表，见表2-4，对学生活动进行评价。

表2-4 "花色苷的秘密"评价量表

评价项目	标准	等级
方案设计的创新点	1.能否关注到紫甘蓝颗粒大小、浸泡的溶剂、温度等对萃取效果的影响。 2.能否利用手头上的材料制取过滤器，得到澄清的浸取液。 3.能否利用自己制取的浸取液检验有关溶液的酸碱性，并记录实验现象，从而确定浸取液能否作为酸碱指示剂。	以上标注符合三项为优等，两项为良，一项为中等，其他为差。
过程制作	1.制成合格产品（澄清），会选择合适容器（类似细口瓶）密封保存。 2.除了紫甘蓝外，还试验了其他植物的浸取液是否遇酸碱溶液变色。 3.形成实验报告。	以上标注符合三项为优等，两项为良，一项为中等，其他为差。
成果汇报	通过PPT介绍自己的制作成果	能精心准备并展示加5分

附件：

"花色苷的秘密"社会实践活动报告

一、实践活动设计与实施

紫甘蓝是一种常见的蔬菜，在这个周末我们围绕紫甘蓝开发了一项学生的实践性作业，引起了学生强烈的探究兴趣。

周一回来，学生纷纷拿出自己的作品，一些平时不喜欢写书面作业的学生也表现得相当踊跃。学生还把在家庭实验的照片及时发到我的信箱中。

1. 交流展示

在周一课上，我筛选了一些优秀的小组进行了汇报展示，课堂展示同学们相当踊跃，大家神情是专注的，态度是积极的，目不转睛地见证奇迹时刻。

2. 评价方法和标准

一是看指示剂制作的效果，二是采用分组实验的方法，记录实验现象，并填写实验报告，见图2-12、图2-13。

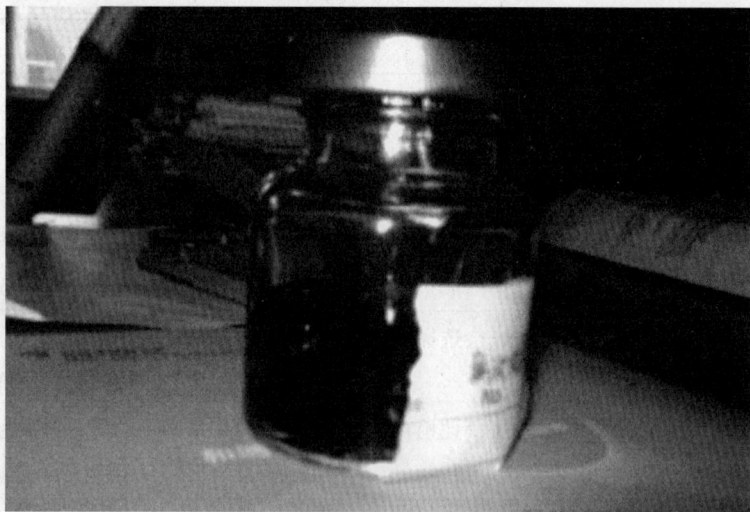

图2-12　学生制作的紫甘蓝浸取液

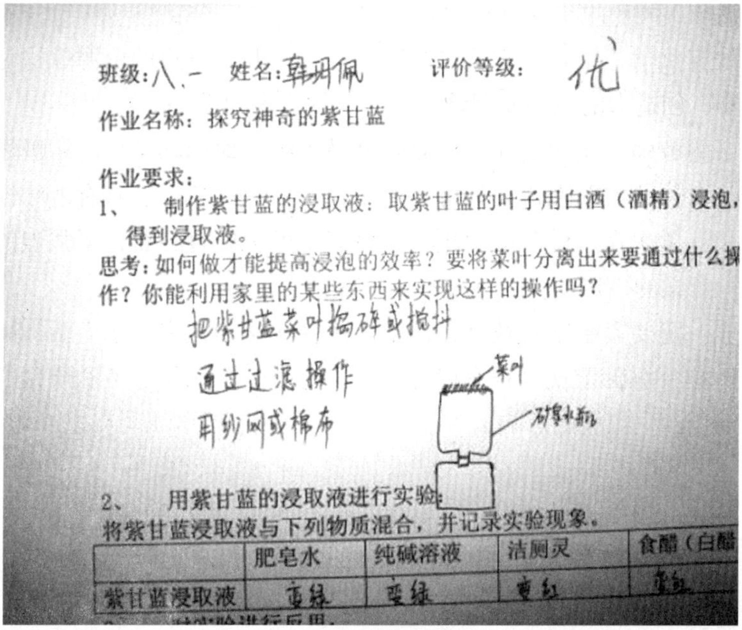

班级：八.一　姓名：韩羽佩　　评价等级：优

作业名称：探究神奇的紫甘蓝

作业要求：

1、　制作紫甘蓝的浸取液：取紫甘蓝的叶子用白酒（酒精）浸泡，得到浸取液。

思考：如何做才能提高浸泡的效率？要将菜叶分离出来要通过什么操作？你能利用家里的某些东西来实现这样的操作吗？

把紫甘蓝菜叶捣碎或搅拌

通过过滤操作

用纱网或棉布

2、　用紫甘蓝的浸取液进行实验。

将紫甘蓝浸取液与下列物质混合，并记录实验现象。

	肥皂水	纯碱溶液	洁厕灵	食醋（白醋
紫甘蓝浸取液	变绿	变绿	变红	变红

（一）

学生实验报告

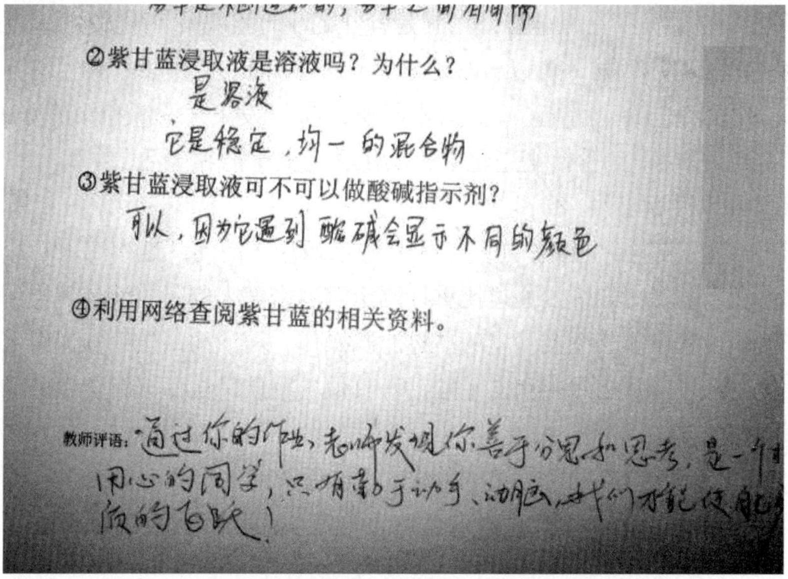

②紫甘蓝浸取液是溶液吗？为什么？

是溶液

它是稳定，均一的混合物

③紫甘蓝浸取液可不可以做酸碱指示剂？

可以，因为它遇到酸碱会显示不同的颜色

④利用网络查阅紫甘蓝的相关资料。

教师评语：通过你的作业，老师发现你善于观察和思考，是一个用心的同学，只有勤于动手、动脑，我们才能使能质的飞跃！

（二）

图2–13　学生实验报告

二、实践活动感悟

通过本次活动，我产生了如下感触。

生活中处处有化学，结合所学的课本知识，合理开发身边的资源，这是一项创造性的活动。只有富有创造力的教师才能培养出富有创造力的学生。

兴趣是最好的教师。化学实践性作业能够最大限度地调动学生的积极性，但这需要教师好好地去设计，让实践性作业具有可操作性、充满挑战性、富有趣味性，这样才能为学生所喜爱。让学生在"做"中学化学，摒弃了死记硬背，获得了强烈的感性认识，这是一件多么有意义的事情。

实践性作业一定要紧密联系教材，让学生感受化学知识来源于生活，同时又服务于生活。让学生擦亮一双善于观察和发现的眼睛，练就一个积极思考和质疑的大脑，这对他们的未来必定会产生积极的影响。

案例三

"银海晶盐的秘密"社会实践课程实施方案

一、课程背景

《海水中的化学》是初中化学重要单元，它从化学的视角揭示了人类认识海洋、开发海洋资源的历程和做法，阐释了开发和利用海洋资源具有重要的现实意义。实验学校地处渤海莱州湾畔，海洋资源丰富，尤其是食盐的生产和盐化工比较发达，是《海水中的化学》这一单元的活教材，可以直观地学习到如下知识：① 食盐的生产流程和晒盐原理，② 粗盐的提纯，③ 海水制碱，④ 海水制溴，⑤ 开发海洋资源和保护海洋环境。学生可以充分体验到"从生产和生活走进化学，从化学走上生产和生活"。

二、课程学习目标

1）学科知识与技能的拓展。通过"体验海水晒盐"活动，观察海水晒盐的流程，实地感受饱和溶液和结晶等知识，通过比重计测定溶液密度来判断溶液是否饱和；体会"扒盐机"在采盐的过程中相当于实验室的"过滤"操作，简洁而高效；知道卤水是在先提取溴之后再晒盐，还可以从卤水中获得硫酸钙等其他矿物质，从而了解资源的综合利用等知识。

2）探究能力和动手能力的提高。能设计实验证明卤水中含有镁离子，设计实验定量测定卤水中镁离子的含量。体验卤水点豆腐，观察将卤水加入豆浆后的变化，并尝试制作豆腐花。

3）情感、态度、价值观的提升。通过观看中央电视台的纪录片《咸说历史》，了解食盐文化，了解人类认识自然、开发自然的智慧。通过观察和实践感受人类在长期实践过程中所积累的智慧，感受资源开发和环境保护是相辅相成的，树立资源意识和环境意识。通过谈感悟和动手实验，感受化学学习的乐趣，树立学好化学为国家的发展和社会的进步做贡献的理想。

三、课程活动设计

以参观盐场和溴厂为依托，从"科学精神和探究能力"角度设计"体验海水晒盐""探究溴厂的秘密"两个参观走访活动，以及后续"《体验海水晒盐》专题片的制作活动""探究晒盐后的卤水成分"两个活动。

第一个活动："体验海水晒盐"走访活动。通过带领学生走访盐场，与盐场工人一起出盐，探究晒盐原理，体会课本知识与实际生产的不同。了解"滩场"生产结构，计算水的蒸发量，分析盐的主要化学成分及物理性质，通过实验掌握盐的解析过程；了解盐的用途以及食用盐和工业盐的分类；了解海洋过度开发对海洋生物资源的影响。通过活动提升学生的科学精神与社会责任感等学科核心素养。

第二个活动：探究溴厂的秘密。在上网查阅单质"溴"的用途的基础上参观溴厂，了解溴生产的原理；了解莱州盐化工的现状和发展。

第三个活动：制作活动视频"体验海水晒盐"。自主设计脚本，与学校影视中心合作制作一期融趣味性和知识性于一体的专题片，起到分享传播作用。让没有参与活动的学生也能一起观察和思考。

第四个活动：探究晒盐后卤水的成分，体验卤水点豆腐。卤水中含不含镁离子？如何验证？通过探究锤炼"证据推理"素养。

四、过程与方法

（一）活动准备阶段

1.联系厂方，争取厂方配合

通过学校的家长委员会，联系土山盐场，把我们参观的意图及参观流程设计与厂方安排对接。

2.制定活动方案

包括活动目标的确立，参加人员的选定，活动流程的设计，安全预案的制定，等等。

3.活动成果预设

（1）专题片制作

（2）卤水中镁离子及其含量的探究

（二）参观走访盐场和溴厂

走访流程设计如下：

1）抵达盐场。

2）认识卤水井和卤水的成分。

3）认识蒸发池。

4）认识结晶池。

5）了解食盐的采集过程和食盐的暂时储运情况。

6）了解食盐的精加工和用途以及销售渠道。

7）体验海水晒盐的生产流程：什么时间从蒸发池转移到结晶池，通过什么方法测量海水是否饱和，什么时间撒"盐种"；体验食盐结晶析出的场景；体验海水捞盐。

8）体验海水制溴。了解生产工艺关注其中发生的化学变化。

9）采集粗盐、卤水、蒸发池结晶池样本。

10）离开盐场，学生发表参观感言。

（三）活动总结，形成成果

1）制作融知识性、探究性于一体的视频用于课堂教学的视频资料。

2）学生撰写活动报告。

3）基于卤水的探究实验：探究卤水中是否含有镁离子并设计定量测量镁离子含量的方案；体验"卤水点豆腐"，试制豆腐花。

附件：

"银海晶盐的秘密"社会实践活动报告

无论古今中外，盐总是一种特殊的商品。它不但与人类的生息繁衍息息相关，它甚至存在于所有的生物体内。很难想象，一个没有盐的世界将会变成怎样……

——摘自中央电视台大型纪录片《咸说历史》

食盐，在我们的生活中是多么熟悉啊，我们莱州市在历史上就是著名的海盐产区，食盐是到底如何生产出来的？连我们这些做教师的也是一知半解。北京师范大学王磊教授在2010年山东省化学远程研修中这样说道："我们再也不能赤裸裸地教化学了……"单纯教授一些知识让学生生硬地记忆，然后一遍遍地做题强化，味如嚼蜡指的就是这种状态吧！因此我们决定在学习《海水中的化学》这一单元给学生补上综合实践这一课。

一、实践活动设计与实施

经过一周的酝酿和准备，制定出活动方案，通过这个活动，达到如下目标。

1）探究海水制盐的流程，了解制盐过程中的饱和溶液、结晶等基本概念；亲身感受制盐过程中所蕴含的科学道理。

2）了解粗盐的加工过程，了解洗盐等工序所蕴含的科学道理。

3）了解本地食盐资源开发利用情况。

4）了解食盐的用途。

5）采集原盐、卤水样品，探究其成分。

6）制作探究活动过程中的视频和图片资料用于教学。

7）引导学生形成资源意识，对资源进行合理开发和保护。

8）引导学生认真观察，善于发问。

9）锻炼学生的自主探究能力。

二、实践活动感悟

1. 让笼中的鸟儿飞向蓝天

学生们此行就像是一群笼中的小鸟，飞到了蓝天下，突然觉得这个世界好大，好大！壮观的大盐田给了他们强烈的视觉刺激。学生的好奇心被强烈地调动了起来。

学生仲少华是这次活动的小主持人。他在反思中这样写道："然后我们又到达了蒸发池，看到那么壮观的高高的盐山，我们便不由地惊叹，然后都拿出袋子采集样品。捧着触手可及的盐块，心中有一种说不出来的兴奋，原来那些白花花的食盐的前身是如此的晶莹可爱。"

学生刘佳怡这样写道："结晶池底下析出的晶体粒粒可数，书本上的东西现实中真正摆在我们眼前时，还是让我们惊讶不已。在这里，卤水达到了饱和状态，晶体析出一定程度，就可以出盐了。盐厂经理告诉我们，这出盐的多少是跟天气情况有关的，光照充足，空气流动快，出的盐就多。反之，如果碰上阴雨连绵的天气，盐产量可就大大降低啦！"

课本和现实的距离有多远？当我们把学生放进了现实，一切都是那么触手可及，学生们是那么的兴奋和激动。

当然，兴奋的不仅仅是学生还有我们教师，在这里我们也学到了一些新鲜的知识，例如，我们给学生讲在氯化钠蒸发池接近饱和就要转移到结晶池，但是如何知道氯化钠接近饱和呢？如何掌控呢？其实很简单，工业上用波美计测量卤水的波美度就可以了，人们早就归纳总结出了一套数据。我们反对死读书和读死书，如果说死读书和读死书毁掉的只是自己，那么死教书和教死书将毁掉一届又一届的学生，每次想到这些我们都不寒而栗。

2. 纸上得来终觉浅，要得真知须躬行

读万卷书，行万里路。古人就非常重视学习和实践相结合，通过本次活动我们真实感受到了海水晒盐的流程。例如，通过测波美度判断食盐溶液是否饱和；通过测蒸发量判断结晶的程度；底层的卤水温度很高，通过测卤水的温度可以判断结晶的程度；蒸发池和结晶池的布列，水渠闸门的设计都很有讲究；每一个卤水池都有电动遮盖装置，一到下雨，电钮一按，无论是蒸发池和结晶池都披上了雨衣，雨水都流进了排水渠，真是太奇妙了。

我们还学到了卤水资源的充分利用。卤水先用来提取单质溴，据说卤水可以循环 7~8 次提取单质溴，提取溴后，用来晒盐，如果结晶池的卤水达到 30 波美度以上氯化钠结晶得差不多了，就要排掉了，但是大连有些盐化工企业从这部分卤水中还能提取出氯化镁和氯化钙，我们当地的企业还在研究当中。卤水也属于不可再生资源，关于资源的合理开发和利用，我们在这里上了生动的一课。

溴厂的技术创新也给我们留下了深刻的印象。以前氯气和卤水的混合需要建一个混合塔，成本较高，现在通过叶片在管道里就实现了混合，效率高且节约了成本。制溴技术原来是从国外引进的，但是现在经过了国内众多能工巧匠的改良日臻完善。制溴流程中溴单质的富集和提纯过程也让我们长了见识。有学生这样写道："接下来，我们又学习

了课本上没有的知识——海水制溴。首先，把海水酸化；然后通入氯气，得到单质溴；再燃烧硫黄，生成二氧化硫，让它溶于水，生成亚硫酸；再用亚硫酸吸收单质溴，生成氢溴酸和硫酸。这时候再通入氯气，生成盐酸和溴单质，把溴单质收集起来，而生成的盐酸和硫酸则用来把海水酸化，如此循环。"我们的学生学得是如此认真，记录得竟然丝毫不差。又有学生在反思中这样写道："这里是溴的蒸馏过程，在这些高大的管子里面充满一种看起来像玻璃杯的东西，我们请教了李经理，他说这是为了增大接触面积，延长反应时间，以免反应不充分。"学生在观察中丰富着自己的见识，启发和锻炼了质疑的精神，这不正是创新的源泉吗?

3. 除了教授书本知识，我们还能给孩子什么

我们的孩子从初中毕业以后，可能记不住所学的知识，但是对于初中所参加的一些难以忘怀的活动往往记忆犹新，因为活动带给他们丰富的体验。在整个活动中，他们主动和几位工程师交流，同学间相互讨论，不断地发现问题、提出问题，展现了良好的素养，得到了厂方的肯定和赞许。除了收获真知以外，他们通过活动获得了快乐! 通过本次活动，他们踏上了社会，深入到了生产的一线，课本与现实的联系无疑带给他们巨大的震撼，他们对生活和人生有了更多的感悟。

我们需要仰望星空，但是我们也需要低下头来看清脚下的路；我们需要有天马行空纵横千里的想象力，但是我们也需要一步一个脚印，积累跬步才能致远! 这就是学科社会实践活动的魅力所在。那么，让我们把温室里的花朵种到大自然中去吧!

案例四

"体验'食'文化，感悟'实'品质"社会实践课程实施方案

一、项目背景

《化学与健康》是五四制鲁教版教材九年级的第五单元，共有《食物中的有机物》《元素与人体健康》《远离有毒物质》三节课。"民以食为天，食以安为先。"在当今已经成了一句流行语。从化学学习的视角，认识物质之间奇妙的转化关系，认识食品生产与食品安全之间的关系，是这次社会实践活动的契合点。本次实践活动的目的是提升学生的科学精神、社会责任和学科素养。本次实践活动也是落实立德树人教育目标的有效载体。因此我们选择了莱州当地的知名企业——山东食圣酿造食品有限公司（中国）开展实践活动。

二、项目目标

1）了解微生物的生命活动在物质转化过程中所起到的重要作用。

2）认识控制温度、湿度、除杂菌对产品生产所起到的重要作用，从而深刻认识控制反应条件对化学反应的重要性，为后续化学学习奠定基础。

3）了解古人在物质转化方面所积累的宝贵智慧。体会现代工业在继承传统的基础上所做出的创新和努力，提高了人们的生活品质。

4）要做事，先做人。做任何事情都要坚守诚信，要坚持不断地探索和创新。

三、项目内容

1）体验企业的"实"文化。通过上网查询和实地采访，了解食圣公司秉持的"实"文化是企业的生存之基本。做诚实人，重诺守信，是一个人的成长之基。

2）体验物质转化之"妙"。通过上网查询和实地采访，了解酱油、腐乳生产知识，重点了解物质之间的转化和转化过程中要控制的条件。

3）体验食品安全之"魂"。了解食用色素和食品添加剂等知识，认识只有不断创新才能保证食品安全的事实。

4）体验创新发展之"美"。通过了解酱油生产的"前世今生"，了解创新可以使我们的生活更加丰富多彩，可以使我们的生活更美好。

四、项目的学科核心素养指向分析

1）变化观念与平衡思想：从大豆到酱油、腐乳，从蛋白质到氨基酸，大自然微生物的生命活动使得物质发生了奇妙的转化，而人类掌握了这种转化的密码，找到了控制这种转化的神奇钥匙。

2）实验探究与创新意识：古老的酱油，人类在不断地生产实践中不断摸索新工艺，新手段，这种探究和创新是产品走向更高品质的保证。

3）科学精神与社会责任：食品企业对安全生产的坚守就是对生命的敬畏和对社会的责任。

五、项目过程设计

（一）前期准备

教师层面：对接企业，确立活动目标，设计活动流程。

学生层面：上网查找"酱油生产""食圣公司"等资料，根据参观流程，预设好问题。

（二）走访活动

1）企业"实"文化。

2）参观酱油生产。

3）参观腐乳生产。

（三）后期活动

1）活动报告——化学组教师。

2）观看《舌尖上的中国》——《转化的灵感》，腐乳、豆豉、黄酒、泡菜，都有一个共同点，它们都具有一种芳香浓郁的特殊风味。这种味道是人与微生物携手贡献的成果。而这种手法被称作"发酵"。中国人的老祖宗，用一些坛坛罐罐，加上敏锐的直觉，打造了一个食物的新境界。要达到让食物转化成美食的境界，这其中要逾越障碍，要营造条件，要把握机缘，要经历挫败，从而由"吃"激发出最大的智慧。

3）搜集豆腐制作的方法，试制豆腐花。

4）写出参观感悟。

附件：

"体验'食'文化，感悟'实'品质"社会实践活动报告

一、体验"实"的企业文化

企业把"实"作为企业文化，特别是"食圣产品之实，在于原料加工真实，童叟相知；食圣员工之实，在于精进踏实，人格正直。"见图2-14。透过食圣的企业文化，我们领略了踏踏实实做事、明明白白做人的道理。

进入厂区之后，外环境的干净整洁，车间内一尘不染，管理严格规范，每一名参观者都是换了一套特殊的衣服才能进入车间。

图2-14 企业的"实"文化

图2-15 体验神奇的物质转化

我们首先参观了腐乳生产车间，生产工艺采用传统工艺与现代工艺相结合。从豆浆的磨制到豆腐的成型，从一步步的发酵工序到最后的成品，我们体验到了企业扎扎实实做事情的"实"文化，见图2-15。学生赵思雨说："以前看起来普通的豆腐乳，原来制作有这么多工序，谁知盘中餐，粒粒皆辛苦啊。"学生卢晓政说："要生产一件合格的产品，首先要做一个合格的人。任何一个环节都马虎不得，以后我要改掉自己马马虎虎的态度。"他的发言引来同学们的笑声和掌声。通过学生的分享，我感觉到"有所见才有所动"的道理，达到实践育人的目的。

二、体验"食"的精髓

我们中国的五味指的是"酸、甜、苦、辣、咸"，食圣公司的酿造工程师告诉我们，实际上应当是六味。这引起了我们的好奇。原来应该加上"鲜"味，而食圣酿造的酱油、腐乳等产品无一不是给我们的味蕾以"鲜"的感觉。那么为什么酱油和腐乳会有"鲜"味呢？带着这个问题我们参观了酱油车间和腐乳车间，由于酱油生产很严格，使用的是低温固态发酵技术，我们不能进入内部，但是参观了酱油生产的原料加工。首先，我们被一股香气吸引，原来是输送炒制的麦粒，然后混合大豆，成为制作酱油的原料，见图2-16。面对整洁的车间，现代化的生产设备，同学们现场有很多疑问。学生潘

杰说："有一则广告，厨邦酱油自然鲜，晒足一百八十天。为什么我们见不到晒场和那一口口的大酱缸呢？"在其他学生面面相觑的时候，潘杰同学掏出了提前准备的"功课"，原来他已在网上搜集了有关酱油生产的知识。

图2-16 酱油生产车间一角

发酵过程可分为"广式高盐稀态"和"日式高盐稀态"。

广式高盐与日式高盐的区别在于所采用的发酵方式不一样。广式高盐采用常温发酵，自然晒制，风味一般，颜色较好，但受发酵设备及天气影响较大。其中以香港传统酱园及海天为代表，多以生产上色酱油产品为主。日式高盐采用保温、密闭、低温发酵，发酵周期较长，颜色较淡，风味香浓，一般以制作生抽、味极鲜等较合适。在添加焦糖色素后的老抽产品不但颜色好，风味也很突出。

特点：原料采用高蛋白豆粕和北方硬质小麦；采用稀醪发酵和压榨取汁工艺。原料利用率高，风味好，但发酵时间长，一次性投资大。

带着问题进入参观，不打无准备之仗，这种做法赢得了酿造师的赞赏。学生的问题意识是科学素养的重要组成部分。而活动本身就是学生问题意识的催化剂。在了解了食圣公司采用的是日式高盐稀态发酵工艺之后，学生强烈的求知欲被调动了起来。学生开始了解酱油的前世今生。

酱油是我们中国人发明的，我们的先人很早就发现了物质之间的转化关系，《舌尖上的中国》专门有一集就叫作《转化》，酱油生产过程中就是将大豆、小麦中的蛋白质等物质通过微生物发酵转化成了氨基酸等物质，鲜香气味就来自于此。

通过腐乳车间的参观，学生对这种转化的力量有了更深刻的认知。豆浆的磨制，煮豆浆，点卤，成型，发酵，上色……每一步都体现了我们祖先的智慧。而且学生更是从化学视角认识到了豆浆是一种胶体，点卤就是让胶体凝聚，在这一过程中去除了大豆中含有的皂角素等有害物质，本来直接食用大豆会胀气，而且对蛋白质的消化吸收效果差，而通过这样的转化，解决了这一问题。我们中国古代是农耕社会，动物蛋白摄入较少，然而豆腐的发明解决了蛋白质摄入这一问题，因此普通的豆腐也是一项伟大的发明。将豆腐转化成腐乳等丰富多彩的豆制品更是古人在长期的生产生活实践中积累的经验和智慧。

通过学习，学生开阔了眼界，今天所学到的知识已经跨越了学科的界限。

三、体验"食以安为先"

在腐乳车间，学生们发现有红腐乳和白腐乳，红腐乳中添加的色素引起了我们对食品添加剂的诸多思考。学生们提出了以下问题。

——红腐乳中的红色色素是什么物质？

——酱油中都添加了哪些食品添加剂？对人体有害吗？

通过酿造工程师的介绍，红腐乳的红色是红曲霉在发酵过程中产生的天然色素，现在食品中的一些色素并非都对人体有害，如新疆的辣椒被用来提取辣椒红色素，用来生产高级的口红产品。只有一些非法添加的有害工业色素才是对人体有害的。防腐剂的添加是为了提高酱油的保存时间，只要在合理的区间范围内不会对人体产生伤害。但是随着生活水平的提高，人们对绿色环保的要求越来越高，于是公司又开发出了零添加酱油。

针对零添加酱油，学生的问题又来了："不添加防腐剂，酱油是如何达到保鲜的？"这时候工程师给我们展示了一个新的包装，是一个带软夹层的塑料瓶，随着酱油的挤出，空气进入夹层而不会进入酱油，也就是说避免了酱油与空气的接触。这一创新的包装设计，不仅仅解决了酱油防腐问题，而且还保存了酱油的风味。

这又是一个惊奇的发现，空气是导致食物腐败的主要因素，学生们好奇地观察着瓶子的结构，小小的一个包装瓶，充满了智慧和科技的含量。

小结：通过本次调研活动，我们重点解决了如下问题。

了解了微生物的生命活动在物质转化过程中所起到的重要作用。

认识到控制温度、湿度、除杂菌对产品生产所起到的重要作用，从而深刻认识控制反应条件对化学反应的重要性，为后续化学学习奠定了基础。

了解了古人在物质转化方面所积累的宝贵智慧，体会现代工业在继承传统方面所做出的创新和努力。

要做事，先做人。做任何事情都要坚守诚信，要坚持不断地探索和创新。

第三章
初中化学史主题实践性课程

一、概论

（一）初中化学史主题实践性课程设计背景

初中化学实践性学习活动是指根据《义务教育化学课程标准》、初中化学教学内容和初中学生的实际所开展的学习化学的感性活动或体验性活动。在初中化学教学的实际中，化学史主题学习活动，虽然不是化学教学的全部，但每一个活动都与化学内容紧密相连，都有明确的教学目标，并指向一定核心素养培养目标。它们无论是横向还是纵向融合到一起都能成为广义的课程。我们可以利用丰富的化学史素材为载体进行教学活动，让学生动手动脑感兴趣，转变单一的知识传授的教学模式和学习方式，指向学生个性的充分发展，以有效地培养和发展学生解决问题的能力、探究精神和实践能力。

2016年中国学生"核心素养"的提出，正是从学生的终身发展着眼。核心素养的中国表达，"在内涵界定上，能力与品格并重；在价值取向上，个人发展与社会发展融合"（成尚荣：中国教育报，2016.09.19），其核心宗旨在于学生的全面发展。而化学史记录了化学概念、原理等理论性知识形成的曲折过程，描述了化学家们为揭示化学现象背后的规律而不断寻找科学方法的艰难历程以及他们所具备的科学品质。科学家的一系列探究历程及他们的思维方式、研究方法，都闪耀着智慧的光芒，它为后人对未知世界的探索提供了宝贵财富。所以我们将化学史教学置于发展学生化学核心素养的大背景下，重新审视化学史的教学价值与教学实践，其独特的教育价值为核心素养的落地提供了一个重要切入点。近30年来，广大学者的研究大都集中在化学史教育的功能、教材中化学史料的统计分析及化学史教育的途径与方法上，化学史教育的理论与实际教学的融入和整合方面的研究相对较少。在核心素养的视野下，基于化学史的初中化学实践性学习活动的开发与教学实施，学术上还不明确，实践研究也较少。因此，初中化学史主题实践性课程的开发与实施是落实立德树人根本任务、发展素质教育、弘扬科学精神、提升学生核心素养的重要途径。

（二）初中化学史主题实践性学习的现状

1. 国外现状

19世纪30年代初期，法国大革命以后，学科教育主导的学校教育已无法满足当时的欧洲重建的需要，因此法国哲学家、社会学家孔德构想：运用科学史教育培养具有实证能力的通识人才具有积极的意义。从此他开创了将科学史引入通识教育的先河。20世纪50年代，斯诺（C.P.Snow）提出了"两种文化"的概念。他指出"科学文化"与"人文文化"之间的差异性太大，要改变这一情况，唯一的办法就是要改变现有教学策略及课程计划。后来学者将"科学史"视为"科学文化"和"人文文化"之间的桥梁。美国著名科学史家萨顿说过："科学史能够帮助我们达到教学的主要目的，它能够说明科学之意义，科学之功能和方法，科学之逻辑的、心理的和社会的含义，科学之深刻的人性，以及科学对于思想净化和文化整体化之重要意义。"因此，没有一种学科能够抛开它产生的历史而孤立地谈结论，科学概念的形成过程及其发展史，能够为个体的认识提供依据。

19世纪中叶，当时的科学家促进协会主席在1851年的一次演讲中呼吁：我们要教给年轻人的，与其说是化学结论不如说是化学史。二战后，以美国著名教育家、化学家科南特（J.Conant）为代表的一批教育家进行了以案例教学法引入学校进行化学史教育的实践，并取得了巨大的成功，由此全世界的教育都陆续开始重视科学史的教育，也陆续获得了较好的效果。

20世纪80年代末，受当代科学哲学观的影响，将科学史、科学哲学和科学社会学纳入科学有关课程中，以阐释科学本质和提高学生的核心素养，已成为国际研究热题。其次，发达国家的课程计划对化学史也提出明确的要求，如美国的《2061计划》、荷兰的PLON课程计划、英国的科学课程计划等。此外，美国理科准教师培养计划中明确要求：只有修完科学史相关课程才能取得教师资格证。

如今，核心素养的框架形成不久，利用化学史为载体以提高学生的科学素养和教学质量，已成为国际化学教育的必然趋势。虽然国际上基于核心素养的化学史主题学习活动的实践研究学术上还没有明确的理论指导，但是能够看出化学史教育研究已由单纯注重化学史知识与方法转向发挥化学史的多维度教育功能，以及利用化学史成功教学的模式进行实践应用，从而帮助学生理解化学本质，提高学生核心素养。

2. 国内现状

对初中学生来说，化学是入门课程，教材编写和教师教学都很注重启蒙的作用。直观的、趣味性的东西更能刺激初中学生的大脑兴奋，激发学生学习化学的兴趣。我国《义务教育化学课程标准》把化学史作为"可供选择的学习情境素材"，可以为学生提供各种真实有趣的学习情境，为其营造基于科学探究、生活经验与社会文化的学习氛围，为提高学生学习积极性起促进作用。教材的内容中呈现相应的化学史材料，鲁教版每一单元最后的《到图书馆去》是课文正文内容的拓展，而且在课后习题中也加以引导。如鲁教版教材为加深学生对质量守恒定律的认识，在课后以习题的方式呈现了一则化学史素材：波义耳为探索物质在化学反应中的质量变化而进行的实验。教材利用这则材料创设问题情境，让学生对波义耳与质量守恒定律擦肩而过的原因做出分析。这不但可以启迪学生思维、巩固科学知识，而且使学生体会到了科学精神，感受到了科学思想和科学方法，为逐步深入理解科学本质打下基础。化学史素材成为"静态"科学成果和"动态"过程与方法的载体，成为促进学生掌握自然科学方法、理解科学本质的催化剂。

国内化学教育工作者对化学史的研究虽然有一定的积累和成果，但是长期以来，国内基于学生立场的化学史教育的实践应用研究仍然薄弱。

3. 市内外相关领域的现状与趋势

当前市内外都有对运用化学史教育的研究，但是大多数着重于高中的教学实践研究，在初中化学教学中的实践研究较少。核心素养视野下的化学史教育价值的发挥情况，当前我市内面临两个常见的问题。

一是教师化学史育人意识淡薄。教师本身对相关化学史知识了解较少，在课堂教学中，虽有所涉及，但没有给予应有的重视，仅在教学或解题时遇到相关内容才进行简略了解，并没有亲自查阅化学史书籍进行考证，没有将化学史实作为一种开发教学内容的素材性资源来合理运用。

二是学生学习方式没有根本的改变。教材中虽然增加了一些化学史知识，但给人的感觉是：化学史知识好像是"味精"，没有起到"催化作用"。在实际教学中常常被轻描淡写，甚至被打入"冷宫"。教师的教学中也很难选择出一些典型的化学史料的素材，因为选材不仅要体现课程标准的要求，而且一定是化学科学发展过程中起关键性或突破性作用的内容，如元素和物质发现史、化学概念和理论发展史等。所以目前课堂的重点仍然是注重化学史知识的传授，学生被动学习和记忆，化学史蕴含的化学核心素养在课堂上很容易被忽略。

（三）初中化学史主题实践性课程的内涵与目标

1. 课程的内涵

（1）化学史

化学史作为科学史的子概念，是人类在长期的社会实践活动中对化学知识的发现与生产系统的、历史的描述。它提供化学发展的来龙去脉、主要的突破、各个分支学科的演化和相互关系。我国胶体化学奠基人傅鹰教授说过，一门科学的历史是那门科学最宝贵的一部分，科学只能给我们知识，而历史却能给我们以智慧。（林承志编著，21世纪高等院校教材《化学之路——新编化学发展简史》）。这里的化学史主要是指初中阶段化学课程中教学内容涉及的化学史内容。

（2）主题学习实践性课程

主题学习实践性活动，是指学生围绕一个或多个经过结构化的主题进行学习的一种学习方式，在这种学习方式中，"主题"成为学习的核心，而围绕该主题的结构化内容成为学习的主要对象。

初中化学史主题实践性课程，围绕初中阶段的化学课程，开发相关化学史的多种活动课程，并在教学过程中，有效地融入课堂教学加以应用。在化学史课程开发与实践中，基于对学生核心素养的培养，开发活动课程，不仅要注重知识教学，更要让学生体会科学家的研究思路、科学精神，沿着科学家探究的脚步建构知识。

2. 课程设计的目标

核心素养的提出对化学史在教学中的运用提出新的挑战：迫切要求市内外化学教育者进一步通过化学史融入教学，设计以化学史为主题的实践活动，以培养学生的科学精神和提高学生的科学素养。

1）开发基于核心素养的学科阅读活动（资料的收集加工活动），形成一定的方法、策略。如开发设计《化学的过去、现在和未来》的微课，走进图书馆了解化学史，浏览化学科技前沿，了解学科发展的最新成就，对学生的化学兴趣、科学素养、人文素养和责任担当都会有不同程度的提高。

2）以学科素养为导向，探索化学史在初中化学课堂教学中的应用策略。化学史教育是在化学教学中，利用化学史来促进学生运用辩证唯物主义观点和历史唯物主义观点，认识和分析化学知识的形成和发展，以培养学生的科学素质和创新能力，提高学生的学习兴趣，培养学生热爱科学、热爱祖国、报效祖国、增强法律意识的高尚情操等为根本目标的教育。以实践性活动范例为依托，总结、提炼形成应用策略。

3. 课程解决的问题

化学史在教师教学中的应用意识缺失，核心素养的落实没有成为导向。有调查统计，教师在讲优质课的时候能较多重视化学史在教学中的应用。而日常课堂教学中54%的教师从不使用化学史进行教育教学，偶然使用化学史的教师仅占调查总数的43%，而经常使用化学史进行教育教学的教师仅为3%。由此可见，当前化学史在我国初中教学中的开展状况不容乐观，迫切需要探索利用化学史教学实践的方法和途径。

1）提高学科育人意识，转变单一的知识传授的教学和学习方式。教师普遍认为加强化学史知识的学习，有利于涵养科学精神，有利于激发学生的爱国情操，有利于培养学生的科学探究能力。但由于受传统的"应试"教育影响，一部分教师认为中考涉及化学史知识的考点较少，考题容易，教师只需读教材，学生只需背考点；另一部分教师则认为化学史知识杂、范围广、知识面大，要在学生现有的认知水平上进行教学有一定的难度。教师普遍欠缺对化学史中隐含的规律、灵动的思维过程、思维方法的自觉揭示，未能积极采用化学史素材设置问题情境开展教学，提高学生对陌生信息的处理能力，就会出现学生对新情境试题的适应能力不够。另外大多数教师的日常教学侧重于对学生对知识的掌握和习题运用，用化学史来强调化学家们的天资聪颖和勤奋，忽视化学家的错误以及研究的艰辛，使化学家这一行业离学生越来越远。

2）全面认识和挖掘初中化学史的教育价值。一方面多数的初中化学教师本身缺乏化学史的背景知识。没有系统地学习过化学史，搜集与应用化学史教学资源的主动性也不够强烈，在教学中很少愿意用化学史来教学，或很少知道如何正确地运用有关化学史内容教学。另方面对教学中化学史材料的拓展"视觉"不够开阔。由于教师缺乏"用教材教"的意识，教学中刻板囿于教材的内容教学，眼界不够开阔，限制了其对所遇到问题的深度挖掘。如常见的金属材料教学，不能回顾历史展望未来，与科技前沿接轨，大多沿用课本的旧材料，对教学内容拓展的意识不强，没有认识到发展学生的核心素养是教育的最终目标。

3）构建初中学段指向核心素养发展的初中化学史的资源体系。虽然教材中的化学史材料是教材编辑者立足于课程标准，根据教材内容的实际情况精心设计的，但是教材中的化学史资料为了不冲淡教学的主要内容，大部分是简单的片段或图片，内容不够丰富和系统，呈现不够多样化，不利于激发学生的兴趣。教材中蕴含的化学史课程资源还不能满足教学需要。让教材中的化学史资料丰满起来的过程中，不一定使其完整无缺，重要的在于凸显其教育功能，使学生真正能从中受到启发和教育。由于各个学校的资源条件、教师自身的知识储备等都有差异，这些因素影响着化学史教育的形式和内容。所以本课程引领教师构建系统的化学史资源，如微课、趣味化学读物等。

化学史能够让学生深入了解化学的发展及其发展过程中所蕴含的思想，知其然更知其所以然。希望通过本课程的研究能够推动初中教学实践中方式方法的创新、学生学习方式的根本改变，进而推动化学教学中学科核心素养的有效落实。

（四）初中化学史主题实践性课程的现实意义与实践价值

1.现实意义

（1）有助于学习兴趣的激发

学生通过重温科学家的探究历程和心路历程，感觉自己离科学家并不遥远，受到来自化学史的熏陶与教育，让兴趣变成志趣。

（2）有助于学习方式的改变

学生的实验探究和科学家的科学探究具有相似的过程。化学史实融入化学教学中，通过活动设计让学生参与知识再探究的过程，亲身体验做科学，了解化学知识形成的背景，经历化学知识形成的过程，感悟化学知识的目的，深刻体会化学知识的内涵及相互联系，感受科学方法、科学精神、科学伦理在化学知识形成过程中的重要作用，也有助于化学知识的深入理解与掌握，由被动学习转为主动探究。

（3）有助于化学思维和化学思想的发展

初中学生的学习过程，他们的思维水平处在分散、点状的层面，缺乏对综合问题的整体分析能力和跨越式的思维能力。如果将化学史资料作为课程资源并转化为探究情境，引领学生沿着科学家的脚步进行完整的科学探究之旅，将科学家的研究思路转化为自己的研究思路，全面提高学生思维水平。同时化学史蕴含了丰富的化学学科思想。涵盖了结构决定性质、对立统一、分类思想、平衡与守恒等化学思想。学生所建立的化学学科思想，对形成科学的人生观、世界观、方法论会产生重大影响。

（4）有助于人文精神的涵养

为什么在我们现在看来，再简单不过的知识，其发展历程却如此漫长而艰辛？体会到要打破人们固有的认识是很难的，但是人的认识是随着科学实验的进步而发展的。激发学生对生活和自然界中化学现象的好奇心和探究欲望，养成坚定不移的求真务实精神，实证精神，持之以恒的追求精神，独立思考、勇于创新的精神，造福人类的奉献精神，有利于学生对人文价值的体验。

2. 实践价值

（1）提供化学史教学实践范例

具有可操作性，实用性强的实践价值。教师在具体的教学中设计化学史主题学习活动，让学生在真实的学习情景中以实践性学习活动的方式展开。

（2）构建初中学段基于核心素养发展的化学史资源体系

本课程的开发基于"核心素养"初中化学史教学应用的素材，使之形成完善、系统的资源体系，将会呈现一系列的既相对独立又与课程标准、教材知识紧密联系的化学史故事及微课视频，呈现优秀的教学设计，为教师在课堂教学上提供参考。为初中化学学科落实核心素养、实现学科的育人价值提供基础和依据。

（3）落实立德树人的目标体现化学课程的价值，思考"为什么学化学？""学什么样的化学？""如何学习化学？"等一系列问题。而化学史丰富的素材内生比较全面的德育要素，对解决以上问题有很大帮助。

二、初中化学史主题实践性课程的开发

（一）课程架构

1. 架构的基本思路

从核心素养到学科核心素养是课程改革深入推进的必然选择。学科核心素养是学科育人价值的集中体现，是特定学科的具体化，学生学习该学科之后所形成的、具有学科特点的关键成就。而初中化学史主题实践性课程依据学生发展核心素养体系，进一步明确各学段、各个主体活动的具体的育人目标和任务，实现学科核心素养体系与学科知识、学生学习活动的对接，确保学生核心素养的发展有针对性、实效性。推动教学实践进入一个高质量持续发展的阶段，落实立德树人的根本任务。基于以上认识，我们构建了初中化学史主体学习活动课程素养框架。

2. 课程的素养框架

通过对中国学生发展核心素养和化学学科核心素养的解读，构建起初中化学史实践性课程素养框架体系。

（二）课程目标的设定

基于研究目标和研究内容及初中化学教学的实际情况，提出运用化学史教学让学生的核心素养有力落地的实践研究。目的指向学生个性的充分发展，利用丰富的化学史素材为载体进行实践性活动，践行"做中学""探中学""创中学"的理念，让学生达成高阶思维，形成关键能力与必备品格。

目前，化学史教学的理论与实践性教学活动的融合方面研究相对较少，而初中化学教学又迫切需要实现教学行为的转变和学习方式的变革，我们也正是基于这种实际进行了相关调查。了解目前中学化学史教学的实际情况，明确基于化学史教学在提高学生核心素养方面急需解决的问题。拟定了如下调查问卷。

"初中学生化学史学习"调查问卷

同学你好！首先，对你参与本次调查表示感谢！你的宝贵意见和建议将成为我们的重要参考材料，调查结果仅为我们开发课程研究使用，希望根据自己的实际情况进行填写。

你所属的年级＿＿＿＿＿＿＿。

1. 你对化学史感兴趣吗？（　　　）

A. 很感兴趣　　　　　B. 一般　　　　　　　　C. 不感兴趣

2. 课本中的化学史部分，教师主要采取怎样的教学方式？（　　　）

A. 让课下阅读　　　B. 用化学史趣味故事引课　　C. 以化学史为背景展开讲解

D. 只讲授涉及考试的知识　　E. 其他

3. 课本中有关化学史的内容，你是否认真读过？（　　　）

A. 认真阅读，很感兴趣　　　　　　　B. 浏览一下，看自己感兴趣的部分

C. 只听教师介绍　　D. 从未看过　　　E. 其他

4. 课本上有部分较简略的化学史，你会课后主动进一步了解相关知识的化学史吗？（如科学家的小故事）（　　　）

A. 不感兴趣，从不　　　　　　　　　B. 偶尔会

C. 经常会　　　　　　　　　　　　　D. 很愿意了解，但没有途径

5. 你通过什么途径了解化学史？（　　　）

A. 阅读书籍资料　　　B. 上网查询资料　　C. 影视作品　　D. 教师传授　　E. 不了解

6. 学习化学过程中，新接触到一个学生实验，你想知道：（　　　）

A. 当时的科学家做该实验时的科学方法

B. 当时的科学家在该实验上经历的失败和解决问题的方法

C. 该实验在相关研究领域的重要意义

D. 按照教材上的规定方法做完即可

7. 你了解科学家探索的历程后有什么想法？（　　　）

A. 对化学更加感兴趣　　B. 想和科学家一样不断探索化学，不畏艰险，追求真理

C. 更有学习的动力　　　D. 没想法　　　　　E. 其他

8. 你对重要的环境和社会问题，如温室效应、酸雨、三聚氰胺事件等，关心程度是怎样的？（　　　）

A. 很关心　　　　　　B. 有点关心　　　　　C. 不太关心

D. 根本不关心　　　　E. 没听说过

9. 你认为化学史学习能提高自己哪方面的核心素养？（　　　）

A. 人文底蕴　　　　　B. 科学精神　　　　　C. 学会学习

D. 健康生活　　　　　E. 责任担当　　　　　F. 实践创新

10. 学习化学过程中，新接触到一位科学家，你想知道：（　　　）

A. 其生平，家庭环境，教育程度　　　B. 其主要研究成果和对研究领域的影响力

C. 其所采用的研究方法　　　　　　　D. 其所经历的失败和挫折

11. 你能从化学史学习中得到什么启发？（　　　）

A. 学习了科学家坚持不懈、勇于创新的精神

B. 学会科学探究的方法，得到了启示

C. 激发对化学的兴趣

D. 帮助更好地理解所学知识，促进记忆

E. 了解知识的演变过程，扩大了知识面

12. 你认为哪些学习策略更利于培养你的核心素养？（　　　）

A. 实验教学　　　　　B. 小组合作　　　　　C. 自学释疑教师点拨

D. 信息技术支持　　　E. 任务驱动　　　　　F. 问题主导　　　G. 思维导图

H. 学习化学史　　　　I. 社团活动　　　　　J. 综合实践　　　K. 其他

13. 中考题中引入化学史，对此你的看法是什么？（　　　）

A. 支持，题目充满趣味性，帮助理解

B. 不支持，干扰做题，难度加大

C. 无所谓

14. 如果创建一个辅助教材内容的化学史素材库（包含化学家生平故事，格言，化学理论发展过程，重大历史事件等），你愿意查阅吗？（　　　）

A. 非常愿意　　　　　B. 比较愿意　　　　　C. 一般愿意　　　D. 很少愿意　　　E. 不愿意

15. （喜爱程度由高到低排序）你希望教师以什么方式呈现化学史（　　　）

A. 阅读文字　　　　　B. 图文并茂讲解　　　C. 口头讲述　　　D. 学生表演化学史剧

E. 播放动画，电影等 F. 学生收集资料，建立化学史学习材料库

16. 你对化学史在核心素养的形成过程中的作用怎样认识的，你对化学史的学习有哪些好的建议？

为保证调查样本的代表性，采用随机抽样的方式抽取学校和教师，适当考虑选取不

同学段和不同地域的学校。在全市中小学中随机选取10所学校。调查问卷拟定好后，共发放问卷495份，回收问卷486份，回收率达98.2%；经统计查验，有效问卷为486份，有效率为100%。问卷回收后，对所有数据进行统计分析，统计好客观题的相关数据，还对问答题反馈信息进行汇总。

通过汇总分析，大多数学生对化学史很感兴趣，但化学史教育没有达到应用的核心素养目标。日常学习中，教师提供给学生的获取化学史知识的途径比较单调，学生期望教师能运用多样化的方法进行化学史教学，提高对化学发展历史的认识，从而深入了解化学这门科学。

调查结果表明，化学史的趣味性对学生的确有一定的吸引力，但教师往往因为升学压力、时间的限制，并没充分发挥化学史的作用，忽视学生情感态度价值观的达成。实际上学生对化学史比较感兴趣，所以教师应该利用化学史，让学生感受到"化学不仅可以培养人才，还可以为世界创造福利。"

"以史为鉴，以史促智。" 化学史有极强的激励和教育功能。① 提高学生学习化学的兴趣，加强学生对化学知识的理解；② 培养学生的科学精神，如良好的习惯和学习态度，孜孜不倦的研究和学习精神，强烈的家国情怀和社会责任心；③ 激发学生养成独立思考的理性精神、用于开拓的创新精神、团结互助的协助精神、造福人类的奉献精神；④ 开拓学生的视野，增强学生的民族自豪感。

基于调查的基础上，我们制定了课程设计的目标。构建核心素养培养目标与化学史学习内容对接的框架。基于核心素养目标，开发相关的学习内容，设计相应的学习活动，形成化学史实践性课程基本框架体系。以核心素养为导向，探索化学史在初中化学教学中的应用方法和策略。

（三）课程内容的确定

以《义务教育化学课程标准》、教科书上的内容相关的化学史资料为线索，以培养学生核心素养为目标，通过设计化学史阅读活动、开发化学史微课等形式，开展化学史主题学习活动，形成系统化的化学史主题活动课程。让学生走近科学发展的艰难历程，体会科学家的不畏挫折、积极实践的科学精神，激发学生的学习兴趣，帮助学生树立正确的科学世界观，养成团结合作、善于反思、积极交流的习惯。

以化学观念、化学思维、科学探究与创新、科学态度与责任、科学精神等作为素养目标，根据初中教材知识涉及的化学史资料及初中学生的学习情况，组织教师与学生一起探讨设计主题活动。开发了初中化学史主题学习活动课程，共六个主题，十四个学习活动。每个主题所指向的核心素养目标的侧重点虽然不同，但是综合起来基本涵盖了核心素养的基本要素。

主题一：化学之"语言"。主要是以常用化学用语的发展历史为载体，通过学生分组活动，搜集、整理、展示元素的故事、化学式的由来及化学方程式的来历，帮助学生建立对物质和化学知识的"宏观—微观—符号"三重表征的思维方式，形成学科观念和学科思维方法。活动中元素趣事的学习阅读，贝采里乌斯、徐寿等科学家的生平及贡献的展示与感悟，使学生走近科学发展的艰难历程，体会科学家不畏挫折、积极实践的科学精神。学生自主组织、分组合作完成活动，养成合作共赢、勤于反思的习惯。

主题二：化学之"眼睛"。主要是以化学的微观探本质的思维方式，以分子、原子、离子的发现与结构探索为线索，设计完成构成物质的微粒的发现史、走进原子的结构发现史两个活动，了解微粒的结构和性质的认识和探究的历史。帮助学生形成"微粒观""物质是有结构的""结构是有层次的""基本构成是相同的"等化学基本观念。如其中的学生分组展示原子结构的发现史，可以让学生知道通过分析、推理等方法认识研究对象的本质特征、构成要素及其相互关系，建立认知模型，并能运用模型解释化学现象，揭示现象的本质和规律。培养学生对科学家的崇敬之情，树立敢于质疑权威的科学态度，激发学生探究的热情。

主题三：化学之"规律"。以元素周期表的发展历程、质量守恒定律的发现史为内容，让学生从定量的角度认识化学变化，认识化学变化中的"不变"，是相对不变，存在动态平衡，进一步形成"变化观"。通过学生写学习感悟，体会门捷列夫、拉瓦锡等科学家的艰难曲折的研究过程，培养学生理性思维、敢于质疑、勇于探究的科学精神。

主题四：身边物质的"故事"。通过搜集素材，用讲故事的形式讲述发现空气成分的科学家的轶事、侯德榜的故事、酸碱趣事等，在故事中体会科学家的探索过程，形成化学学科思维方法和学科思想的同时厚植爱国情怀。空气组成的发现史，石蕊试液的发现等还能够激发学生的学习兴趣，从不同层次认识物质的多样性，提高学生从生活中发现问题和提出问题的意识。

主题五：化学之"助力"健康的学习活动，以"舌尖上的化学"和"远离有毒物质珍爱生命"两个活动展开。蛋白质的发现史、维生素的发现史、食品添加剂的发展史的自主查阅和学习，帮助学生初步认识化学学科的发展在帮助人类战胜疾病和营养保健方面的重要贡献。了解医药化学的抗生素、青蒿素的由来，增强合理、安全使用化学物质的意识，提高科学素养，养成良好的生活方式和习惯。通过了解结晶牛胰岛素的诞生、屠呦呦青蒿素的提取，体验科学家不怕困难、不懈追求、合作共赢的团队精神，培养民族自豪感，感受人文情怀。

主题六：化学之"助力"社会发展。以当前社会热门话题材料的发展、新能源的探索、农药化肥的发展设计实践课程活动，让学生感受化学在能源开发、材料研制、农业生产和环境保护的重要作用。树立节约资源、绿色化学观念，培养与自然和谐相处的意识。自觉形成简约适度、绿色低碳的生活方式。一些活动课题的内容，如新能源可燃冰的发展，航天航海等特殊功能材料的研制发展，都能激发学生主动关心并参与有关的社会性议题的讨论，使学生能对与化学有关的社会热点问题做出正确的价值判断。如运用所学的化学知识和方法分析讨论生产、生活中简单的化学问题（如酸雨防治、环境保护、食品安全等），从培养学生的创新意识和创新能力，认识化学科学对社会可持续发展的贡献。

（四）课程资源的选择

一是让学生通过互联网搜集、整理相关信息活动，形成具有特性的信息资源。二是充分发挥教师开发课程的潜在意识的能力，注重搜集和整理教学中的优秀课例，形成具有个性化的教学案例资源。

1）主要从化学观念、学科思维、科学探究等核心素养出发，结合初中化学课本的内容，注意选取典型事例，说明化学知识源于生产实践和科学实验，又广泛应用于生产、生活中。

2）针对教育实践中的问题，将化学史主题学习活动化为实践性学习活动，强调学生的学习行为与科学探究相结合，学习过程与科学研究相结合，使化学的学习生动、有趣，从而提高学生行动研究的能力和对化学史的关注，感悟化学史学习的意义。

（五）课程的评价

1. 评价原则

（1）坚持正向评价

发现学生的闪光点及潜在的能力，激励和维持学生的积极性、主动性和创造性。

（2）重视实践活动体验

重视学生在过程中的实践和参与、体验情况，让学生在学习活动过程中通过自评、互评来改进学习，提高能力，强化素质。

（3）采取多元形式

评价的方式多样化，评价的主体多元化。评价结果能为学生的学习提供大量的反馈信息，增强学习自信心、成就感和学习主动性。

2. 评价方法

初中化学新课程要求发展学生核心素养，该课程在课程评价目标和新的评价理念指导下合理选用多样化的评价方法。

1）纸笔测验注重考核学生对化学史及化学史相关的化学知识的理解和应用。教师或者学生设计化学史及相关知识和方法的试题，强调考查学生的分析解决问题的能力和科学探究能力。

2）建立过程性评价促进学生的发展。过程性评价使学生能够学会自己评价和反思自己的进步。如学生的阅读笔记、实验报告、设计方案、课后学习感悟、活动总结等。

3）通过活动表现评价学生的真实的探究能力以及感情态度和价值观。活动表现评价用来评估学生完成任务的过程、结果的质量。将学习与活动结合起来，学生在活动中培养综合能力和科学素养，在真实的活动情境中测量学生的行为表现，对其进行综合的评价。

三、 初中化学史主题实践性课程的实施

（一）课程纲要

课程名称：指向核心素养的初中学生化学史主题实践性课程

适用对象：初三、初四学生

教学时限：14 课时

1. 课程背景

本课程研究目标和研究内容及初中化学教学的实际情况，我们提出了运用化学史教学让学生的核心素养有力落地的实践研究。目的指向学生个性的充分发展，利用丰富的化学史素材为载体进行教学，让学生感兴趣，转变单一的知识传授的教学和学习方式。

化学史学习使化学教学不只局限于现成知识的静态结论，还可追溯它的来源和动态演变；不只局限于书本知识，还可揭示出其中的科学思想和科学方法。可以潜移默化地促进学生非智力因素构成的动力系统的发展，使学生核心素养全面提升。我们将化学史教学置于发展学生化学核心素养的大背景下，在前期调查的基础上重新审视化学史的教学价值与教学实践，进行课程的开发与实践。

2. 课程目标

1）学习相关化学知识，了解化学学科发展的基本规律，了解化学基本概念和基本理论产生、演化、和发展的过程。提高整理加工运用信息的能力。

2）了解化学发展的重大成就及对生命、社会和环境的影响。引导学生亲自参与、发现与感悟，从而提高了学生学习的兴趣和实践能力，学会从历史的观点理解化学的现状和发展远景，增强社会责任感。

3）学生通过学习化学家的科学精神、科学态度和思维方式，认识科学探究的一般过程；学会运用辩证唯物主义观点认识、分析问题；促进学生学习方式发生转变，发展学生的学习能力，培养一定的学习习惯，弘扬爱国主义精神。

4）评价方式多元，重视过程性评价，提升学习的积极性，树立正确的世界观、人生观和价值观。

3. 课程内容

初中化学史实践性课程内容见表3-1。

表3-1　初中化学史实践性课程内容

课程主题	活动课题	活动内容
一、化学之"语言"	（一）元素的故事	1. 元素符号的来历（了解贝采里乌斯的生平及贡献）
		2. 探索元素概念的发展史（了解徐寿的生平及贡献）
		3. 元素发现的趣事
	（二）化学式与化学方程式的来历	4. 化学式的来历
		5. 化学方程式的发展
二、化学之"眼睛"	（三）发现构成物质的微粒	6. 原子的发现
		7. 分子（认识布朗运动与分子存在的真实性、微粒结构模型）
		8. 认识离子
	（四）走近原子	9. 原子结构的发现（如原子内部结构之谜、卢瑟福a粒子散射实验）
三、化学之"规律"	（五）元素周期表的发展历程	10. 时代的里程碑——第一张元素周期表（了解门捷列夫）
		11. 张青莲的生平及其贡献
	（六）天平称出来的伟大定律	12. 探索质量守恒定律的发展
		13. 小化学迷——拉瓦锡
四、身边物质的"故事"	（七）空气成分的发现史	14. 空气成分的发现（比如氧气的发现史、氮气的发现、稀有气体的发现等故事）
	（八）酸、碱趣事	15. 酸碱理论的发展
		16. 酸碱指示剂的发现史（有关石蕊试液的故事）
	（九）氨碱法制纯碱的发明	17. 工业制碱的发展史
		18. 侯氏制碱法的创立者——侯德榜
五、化学之"助力"健康	（十）舌尖上的化学	19. 蛋白质的发现史（人工合成的结晶牛胰岛素）
		20. 维生素C（坏血病的克星等）
		21. 食品添加剂（甜味素、着色剂）
	（十一）远离毒品珍爱生命	22. 对毒品的认识（鸦片、海洛因、冰毒等）
		23. 吸烟的危害
		24. 医药化学（青蒿素与屠呦呦、抗生素）

续表

课程主题	活动课题	活动内容
六、化学之"助力"社会发展	（十二）材料的发展	25. 金属的发展史（炼铁的历史）
		26. 有机合成材料与复合材料
	（十三）探索新能源	27. 探索能源的发展历程（人类应用能源经历的四个时期）
		28. 氢能与可燃冰的开发利用
	（十四）农作物的重要食粮与生长卫士	29. 农药的发展史（波尔多液的故事、绿色农业）
		30. 化肥的发展史

（二）课程实施

1. 实施策略

一方面，让学生通过互联网搜集、整理相关信息活动，形成具有特性的信息资源；另一方面，充分发挥教师开发课程的潜在意识的能力，注重搜集和整理教学中的优秀课例，形成具有个性化的教学案例资源。

（1）文献研究法

主要从百度网站、关于化学史内容查阅有关文献，学习、借鉴有关理论、观点。

（2）行动研究法

行动研究法是一种适应小范围内教育改革的探索性的研究方法，针对教育实践中的问题，在行动研究中不断地探索、提高学生的核心素养。本课程就是将化学史主题学习活动化为活生生的课堂，强调学生的学习行为与科学探究相结合，强调学习过程与科学研究相结合，提高学生行动研究的能力、对化学史的关注，感悟化学史的学习意义。

2. 建章立制

（1）领导保障

加强组织领导。以核心素养为课堂教学引领，制定课堂教学评价标准，通过主题式实践活动变革学生的学习方式，创新初中化学化学史学习的模式，使学生掌握化学知识的同时提高学生的学科素养。

（2）师资保障

参与开发课程的教师已经具备新的教学观念，具备学科素养，专业知识深厚，善于钻研，有丰富的课堂教学经验。开发主题实践活动的策划和指导能力较强，开展方案设计、活动实施和材料整理的能力较高。

（3）评价激励

师生要注重对实践活动开展的反思与评价，将活动过程中学生的表现纳入学生综合素质评价体系，增强学生主动学习的动力。

3. 课时结构

每个课时均以"化学史"为线索展开活动与展示。

4. 教学要求

本课程主要采用教师设计主题活动，组织学生自主学习，并配合讨论法和课外读书指导法。以主题学习为引领，每个活动都采取小组学习方式。每组一般由3~5人组成，学生自己推选组长，学会互助合作学习。教师要结合学生的经验，借助丰富的网络资源，充分运用多媒体技术来辅助教学，引导学生有趣学习。

1）教师认真备课，有计划，有步骤地进行教学。

2）教师应保存学生的作品、资料及在活动中取得的成绩资料等。

3）教师要认真及时总结反思等。

4）每学期至少要举行一次研讨活动，展示优秀教师的成功经验，解决存在的问题，及时总结课程的实施情况。

（三）展示评价

主要采取多元激励性评价，能提供给学生充分展示的机会，过程评价与结果评价并重激发学生的兴趣和参与意识，使学生对本课程学习始终保有愉悦的情感体验。

1. 纸笔测验

设计纸笔测验的试题，要依据"实践性课程要求"把握学习要求。考核的重点要以化学史涉及的基础知识的理解和应用为主，不要放在化学史知识点的简单记忆和重现上；不应孤立地对化学史知识进行测试，注意联系生产、生活实际，取用鲜活的情景，体现实践性和探究性。

2. 过程性评价

建立学生成长档案来进行过程性评价，并制定主题学习活动评价表见表3-2。

表3-2 主题学习活动评价表

评价项目	评价内容	自我评价（ABC）	生生互评（ABC）	教师评价（ABC）
活动态度	认真对待不应付，积极参与不等不靠			
合作分工	积极配合组内分工，任劳任怨完成自己的任务，主动与他人探讨、分享、交流，合作愉快			
搜集资料	能多途径收集到有价值的资料，收集的有用资料多少，资料加工、整合质量情况			
合作展示	展示形式多样，展示内容丰富，提出问题价值与次数 总结语言表达清楚，展示大方自然			

评价项目	评价内容	自我评价（ABC）	生生互评（ABC）	教师评价（ABC）
创新与发现	善于发现问题并能提出解决办法			
活动效果	能够精炼总结整个活动的组织与开展情况，并辅以图片、照片、文字材料等展示			

注：A. 优秀　　　B. 良好　　　C. 合格

3. 活动表现评价

在教学中，活动表现评价可以考查学生的参与意识、合作精神、获取和加工化学信息的能力以及科学探究的能力等。观察学生在学习活动中的表现，可以了解学生参与的积极性，思考提出、回答问题的情况，评价学生观察、合作交流的能力以及学习习惯与科学态度等。

［评价案例］

在调查活动中对学生进行综合评价

—— "金属材料的利与弊"的调查

学生在进行"金属材料的利与弊"的调查研究活动时，可以从各种媒体（如网络）收集有关金属材料的使用信息，了解金属材料利用对促进社会发展、提高人类的生活质量做出的巨大贡献；了解金属材料制造、加工、使用中可能出现的对自然资源、生态环境的影响。调查之后，通过对资料的整理、分析，编写调查报告，并通过小组讨论或编写小报，交流、发表所收集的资料和调查研究的结论。

教师可从学生的活动中了解他们能否运用金属的有关知识分析金属材料在生产、生活和社会发展中的作用与影响；了解他们处理调查数据、分析问题、做出结论并进行表述的能力，由此进行综合评价。

四、初中化学史主题实践性课程案例

初中化学史主题实践性活动都与化学内容紧密相连，都有明确的核心素养培养目标。本部分选编的课程案例活动设计完整、主线明确、环节清晰，实施过程中以学生为中心，以问题为引导，以活动为媒介，作为示例加以展示。

案例一

化学之"语言"

——元素的故事

一、活动实施

《义务教育化学课程标准》在"物质构成的奥秘"部分中提出，帮助学生用微粒的观念去学习化学，通过观察、想象、类比、模型化的方法使学生初步理解化学现象的本质；从五彩缤纷的宏观世界步入充满神奇色彩的微观世界，激发学生学习化学的兴趣。而宏观微观的结合桥梁就是元素符号，它是化学学科特有的语言，是化学科学研究物质组成、结构和变化规律的重要工具，是学习化学的基础。而这种特有的语言学生学习起来特别抽象和枯燥，因此开发了本案例，本案例设计两个活动旨在开拓学生的视野、培养其对科学家的崇敬之情、树立敢于质疑权威的科学态度；激发学生探究的热情以及激发学生的学习兴趣，使学生乐学善学、养成勤于反思的习惯。

二、活动环节

元素符号——化学式——化学方程式是化学的特有语言，因此，本案例就沿着这条线路展开设计了活动。

活动内容：元素的故事

1. 根据学生的学识水平和具体情况，初步确立此活动的具体内容

（1）元素符号的来历（了解贝采里乌斯的生平及贡献）

（2）探索元素概念的发展史（了解徐寿的生平及贡献）

（3）元素发现的趣事

2. 依据本次活动的内容以及《义务教育化学课程标准》，确定活动目标

通过对活动中元素趣事的学习阅读，贝采里乌斯、徐寿等科学家的生平及贡献的展示与感悟，走近科学发展的艰难历程，体会科学家的不畏挫折、积极实践的科学精神。学生自主组织，分组合作完成活动使学生乐学善学，养成合作共赢、勤于反思的习惯。

通过对元素概念的发展史的探究及对构成物质的基本粒子的比较，总结出元素的概念，明确不同元素的本质区别。通过对具体物质的分析，初步学会用元素表示物质的宏观组成，初步建立科学的"元素观"。通过对常见物质分类、归纳，学会从元素组成上区分单质和化合物，体会分类的思想。通过认识元素体系的平衡，体会尊重客观规律的重要性。通过符号的学习，认识并能正确书写常见元素的名称和符号，感受符号的简约之美。

3. 依据本次活动的内容以及目标，确定本次活动的方法

（1）明确分工

按照内容分成三个小组，分别负责搜集贝采里乌斯的生平及贡献、徐寿的生平及贡献、元素发现的趣事。

（2）进行活动

通过小组合作、查阅学校图书室的书籍、上网查找等方法进行活动，过程中记录所查阅的书籍名称和网站名称等。

（3）资料整合

小组讨论，将搜集的资料进行对比、精练整合，留下可信的资料。

（4）成果展示

将活动成果在班级中进行展示。如讲述贝采里乌斯的贡献，从徐寿身上学到了怎样的精神，讲讲你喜欢的感兴趣的元素发现的趣事。学生分享感受、收获。

三、活动成果

学生活动档案展示见表3-3。

表3-3　学生活动档案

案例	一
活动目标	通过对活动中元素趣事的学习阅读，贝采里乌斯、徐寿等科学家的生平及贡献的展示与感悟，走近科学发展的艰难历程，体会科学家的不畏挫折、积极实践的科学精神。学生自主组织，分组合作完成，养成合作共赢、勤于反思的习惯。
活动策略	通过小组合作、查阅书籍资料、上网查找、讨论交流等方法进行活动。
活动内容	元素符号的来历（了解贝采里乌斯的生平及贡献），探索元素概念的发展史（了解徐寿的生平及贡献），元素发现的趣事。
活动准备	开放网络通道，开放图书室，下发活动过程的表格，拍摄活动照片，提供多媒体环境。
活动过程	上网或查阅书籍资料搜集相关资料，以小组为单位，将资料进行整合，小组在班级中展示资料，全班同学相互学习。
活动感悟	了解化学史，学到的不仅是科学发展的曲折历史和坎坷道路，也不仅仅是科学家在化学方面对世界做出的种种贡献，还学到了科学家的品质和精神。在化学的发展中从一开始盲目相信化学，到后来去了解化学反应的本质，我看到了人类进步的目光。
教师评价	在活动中所有同学能够积极参与，认真对待；大多能主动与他人讨论、分享、交流，享受思考和表达的乐趣，激起了良好的学习动机。通过对化学史的学习，科学家们身上奋发的精神给予的鼓舞和启迪，感染着每一个同学。
活动反思	元素符号是化学特有的语言，但是在这之前，由于教师研究的少，接触的资料比较少，知识面比较窄，对学生的引领不到位，导致学生的接受的不是很好。经过后面师生的共同努力，最后达到了各个目标要求。

四、活动评价

实验班与非实验班学生核心素养评价结果汇总对照见表3-4。

表3-4 学生核心素养评价结果汇总对照表

评价指标	评价要素	评价标准	优良率对照（2017.12）			
			实验组		对照组	
			前期	后期	前期	后期
化学观念	1. 能认真观察物质，对物质的状态及变化能准确描述与记录。 2. 能从微观角度理解物质性质及变化。 3. 能用适当的符号表征物质及变化。	优—10 良—8	优12.3% 良25.6%	优28.3% 良43.6%	优16.7% 良24.6%	优25.7% 良40.5%
化学观念	4. 能够主动找出活动中涉及的各种变化，通过观察认识到物质处在不断的变化中，变化的特征对变化进行分类研究。 5. 认识到变化是有条件的、可控制的。认识到控制反应条件对生成物的影响在实际生产中运用的价值。 6. 能从定性和定量角度分析物质的变化。认识到定量定性分析在生产实际中的重要作用。	优—15 良—12	优11.6% 良22.7%	优28.9% 良44.2%	优13.7% 良20.3%	优24.3% 良36.7%
科学思维	7. 能够熟练运用物质的组成和结构与物质的性质、物质的性质与物质的用途之间的关系分析解决问题。 8. 学会收集各种证据，能够基于实验和客观事实证实和证伪。	优—15 良—12	优10.3% 良20.4%	优28.6% 良40.3%	优10.8% 良21.6%	优24.8% 良37.6%
科学探究与创新	9. 在活动中善于发现和提出有价值的问题，有自己的见解和看法，能够围绕问题提出解决方案。 10. 善于倾听，能够及时提出质疑，分析并阐释自己的观点。	优—10 良—8	优8.9% 良18.9%	优26.2% 良38.5%	优9.1% 良19.5%	优23.5% 良32.6%
科学态度与责任	11. 能够详细地做出活动的安全预案，善于安全问题进行反思和总结。 12. 能够针对环境保护和资源合理开发提出自己的见解和看法，具有"绿色化学"观念、持续发展意识。 13. 能运用已有知识和方法综合分析化学对自然可能带来的各种影响，权衡利弊，强化社会责任感，积极参与有关问题的社会决策。	优—10 良—8	优13.3% 良26.2%	优30.4% 良46.2%	优11.7% 良22.7%	优24.8% 良39.8%

案例二

化学之"眼睛"

——走近原子

一、活动实施

进入21世纪，在国际科学教育三次改革浪潮的推动下，新一轮课程课改把"提高学生的科学素养"作为中学化学课程改革的宗旨和统领性目标。《义务教育化学课程标准（2011年版）》把化学史料作为学习情境素材之一，为帮助教师更好地理解课程内容和实施课堂教学，课标中加入了化学史素材，强调学习化学的基本原理和基本方法，注重化学史的教育价值和地位，且将其看作提高科学素养的有效途径之一。

《初中化学课程标准》在"物质构成的奥秘"部分中提出，本案例旨在帮助学生用微粒的观念去学习化学，通过观察、想象、类比、模型化的方法使学生初步理解化学现象的本质；从五彩缤纷的宏观世界到充满神奇色彩的微观世界，激发学生学习化学的兴趣；利用有关探索原子结构的科学史实，使学生了解科学家严谨求实的科学态度；通过对问题的探究和实践活动，提高学生的想象能力、创新能力，帮助学生初步认识辩证唯物主义的一些观点。因此，本课程努力创设真实而有意义的学习情境，灵活应用多样化的学习方式，课程目标指向学生的核心素养发展，有效地提高学生的实证意识、合作交流能力和创新实践能力。

二、活动环节

1）制定活动方案，包括活动目标的确立，参加人员的选定、分工等。本次活动包括两个实践内容：一是发现构成物质的微粒；二是走近原子。

根据目前学生的学识水平和具体情况，初步确立每个活动的具体内容。

2）化学教师和学生一起积极参与，进行活动前的准备工作，探讨如何搜集资料，如何组织资料，以何种形式展示等，发动学生利用课余时间通过各种渠道（图书馆、网络、书刊等途径），广泛收集有关资料；进行一次有关原子的发现知识普及讲座，内容主要包含原子的发现和分子的存在等内容，在此基础上组织开展知识交流，拓宽学生知识面。开展"了不起的发现"等实践活动，组织调查，学生分工合作，分别搜集相关信息。

3）组织讲化学史趣味故事、主题阅读或制作微课等活动，强调"做中学"的学习方式。

4）活动展示学生展示搜集的资料、图片或者用绘画的形式再现模型；学生分享感受、收获。

三、活动成果

学生活动档案展示见表3-5。

表3-5 学生活动档案

案例	二	活动时间	2017.12
主要参与者	胡运成、战紫欣等一组同学	指导教师	张美玲
活动目标	1. 充分发掘材料化学史的教学价值，设计课堂教学的新思路和开辟课堂教学的新途径，以此提高学生的学习兴趣。 2. 了解原子结构模型的发展历程，体验模型法在微观世界研究中的作用。拓展学生的视野，鼓励学生大胆想象，能够认识化学现象与模型之间的联系，运用多种模型来描述和解释化学现象。 3. 渗透化学思想观念，感受化学是一门实验学科，尊重事实和证据，不迷信权威，所有的化学理论都将经历实践的检验。体会化学史有助于学生理解科学知识、有助于学生理解科学过程是一个探究过程、有助于学生理解科学事业。 4. 培养学生的创新意识和创新能力，增强社会责任感。 5. 通过学习原子结构的发展史，养成坚定不移的求真务实精神，造福人类的奉献精神，有利于学生对人文价值的体验。		
活动策略	文献研究法、调查法、小组合作法。		
课前搜集的资料	1. 道尔顿的原子结构理论。 2. 原子内部结构之谜。 3. 卢瑟福的α粒子散射实验。		
活动感悟	通过了解化学家的原子结构发现史，深刻体会到化学的发展之路并非平坦，是在不断的认识-否定-再认识的过程中曲折发展的。在这个过程中，无数的化学家付出了他们毕生的智慧，需要他们严谨求实、崇尚真理的科学态度，需要他们独立思考、敢于质疑和批判的创新精神，更需要他们为了科学而献身的奋斗与奉献的精神。		
教师评价	巧借化学史情境，激发学生主动学习的兴趣。学生在活动过程中积极参加，配合默契，结合化学学科知识，渗透化学思想观念，体验了化学家的科学精神，深刻体会到变化与发展是化学永恒的主题。		
活动反思	科学要素是科学发现过程中必然涉及的因素，其中包括观察、假说、实验、理论等。以本活动为例，原子结构的确立历经理论探讨、实验探究、模型确立三个阶段，体现了观察是建构与检验假说的基础；假说是解释、预测现象以及指导实验的依据；实验是获取现象以及检验假说的手段。教师应当返还属于学生的时间，培养学生的观察能力；关注学生的"错念"，培养学生提出假说的能力；引导学生思考实验的价值，培养学生的实验设计能力。古人提倡以史为鉴，以史明理。本活动以原子结构的发现史设计教学线索与情境，让学生在史料中"对话"、交流、感悟，帮助学生树立正确的人生观和价值观，培养学生不断探索的科学精神。遵循"从生活走进化学，从化学走向社会"的思路，养成勇于开拓的创新精神、造福人类的奉献精神。本次活动的不足之处是查阅资料有一定的局限性，展示方式单一。		

四、活动评价

实验班与非实验班学生核心素养评价结果汇总对照表见表3-6。

表3-6 学生核心素养评价结果汇总对照表

评价指标	评价要素	优秀率、合格率对照			
评价对象：实验组、对照组学生	评价人：张美玲		评价时间：2017.12		
		实验组（300人）		对照组（300人）	
		前期	后期	前期	后期
人文底蕴	能理解掌握人文思想	优秀率 20.3%	优秀率 52.1%	优秀率 20.8%	优秀率 38.7%
	能关切人的生存发展				
	能发现、欣赏和评价美	合格率 67.4%	合格率 89.7%	合格率 68.7%	合格率 78.1%
科学精神	具有问题意识，不畏惧权威	优秀率 38.4%	优秀率 66.8%	优秀率 38.9%	优秀率 52.6%
	能发现和提出有探究价值的问题				
	能积极寻求有效的问题解决方法	合格率 69.5%	合格率 95.8%	合格率 69.2%	合格率 83.4%
健康生活	具有安全意识与自我保护能力	优秀率 44.2%	优秀率 76.8%	优秀率 44.7%	优秀率 64.5%
	具有抗挫折能力				
	能合理分配和使用时间	合格率 76.6%	合格率 97.3%	合格率 77.1%	合格率 83.7%
责任担当	具有团队和规则意识	优秀率 55.5%	优秀率 80.0%	优秀率 55.8%	优秀率 69.5%
	具有挑战的精神				
	关注全球性挑战和可持续发展	合格率 81.3%	合格率 98.4%	合格率 81.0%	合格率 87.9%
实践创新	具有较强的动手操作能力	优秀率 29.2%	优秀率 66.8%	优秀率 29.7%	优秀率 53.7%
	善于提出问题和解决问题				
	有创造力并能对模型优化改进	合格率 57.9%	合格率 88.9%	合格率 57.1%	合格率 71.3%
学会学习	能主动实验、具有浓厚的学习兴趣	优秀率 32.4%	优秀率 57.9%	优秀率 32.9%	优秀率 48.7%
	善于总结经验、适时调整实验方法				
	能有效地获取、鉴别、使用信息	合格率 56.8%	合格率 90.3%	合格率 57.1%	合格率 79.7%

五、活动总结与反思

学生在进行走近原子的调查研究活动时，通过互联网、图书馆等多种媒体收集有关原子结构理论的发展史，重温了不同时代科学家的科研之路。在这个过程中，通过科学家们不畏权威的求是精神培养学生质疑的精神和求变的意识。化学史中的每一次新发现，每一项创造成果的取得，都是化学家们智慧火花的闪耀，更是他们综合选择能力的展现，这些珍贵的东西感染着参与活动的每一位同学。

本次活动影响广泛，有效地激发了学生学习探究的欲望。在活动中，学生们都积极参与，所有的资源都是共享的，既分享知识上的所得，也分享过程中的快乐，每个人在活动中都有不同程度的收获：如树立了自信心；增强了合作学习的意识；重视收集信息并初步提高处理信息的能力；懂得关注生活、发现问题并想方设法解决问题；深知科学探究过程的艰辛，培养学生勇于探索、不畏困难的科学精神；增强了热爱大自然、关注人类生活环境的意识。

当然，活动中也有不足之处，从学生的角度来说，学生主要是通过网络来了解相关的信息，而这些信息非常零碎，学生对于理论知识的理解与整理水平整体不高，他们的思维和视野比较窄。从教师的角度来看，教师本身对化学史的研究程度有待提升，对于化学史教育价值的挖掘能力有待提升。

案例三

化学之"规律"
——元素周期表的发展历程

一、活动实施

《初中化学课程标准》在"物质构成的奥秘"部分中提出，利用有关探索原子结构的科学史实，使学生了解科学家严谨求实的科学态度；通过对问题的探究和实践活动，提高学生的想象能力、创新能力，帮助学生初步认识辩证唯物主义的一些观点。规律是人们对客观事物发展过程中的本质联系的认识，这种认识一定是长期的，曲折的。化学中的规律亦是如此。在这个曲折的过程中，可以看到化学家的所有努力，也更具有教育的价值。

二、活动环节

本次活动中，我们首先制定活动方案，包括活动目标的确立，参加人员的选定、分工等。本次活动根据目前学生的学识水平和具体情况，初步确立活动的具体内容是时代的里程碑——第一张元素周期表（了解门捷列夫），张青莲的生平及其贡献。

1. 明确分工

按照内容分成两个小组，分别进行活动一与活动二。

2. 进行活动

通过小组合作、查阅学校图书室的书籍、上网查找等方法进行活动，过程中记录所查阅的书籍名称，和网站名称等。

3. 资料整合

小组讨论，将搜集的资料进行对比、精练整合，使材料更加通顺、易于理解。

4. 成果展示

将活动成果在班级中进行展示。如讲述门捷列夫和第一张元素周期表，科学家张青莲的故事。

三、活动成果

学生活动成长档案展示见表3-7。

表3-7　　学生活动成长档案

活动课题	元素周期表的发展历程
活动目标	1. 充分发掘元素周期表的发展历程的教学价值，从而设计课堂教学的新思路和开辟课堂教学的新途径，以此提高学生的学习兴趣。 2. 通过讲述化学家的生平事迹，让学生体会科学家的情感、态度及价值观。学习化学家在探索真理的过程中如何想、如何做，得出让学生学习探索化学的方法。 3. 培养学生的创新意识和创新能力，增强社会责任感及爱国主义情怀教育。
活动策略	通过小组合作、查阅书籍资料、上网查找、讨论交流等方法进行活动。
活动内容	1. 时代的里程碑—第一张元素周期表，了解门捷列夫。 2. 张青莲的生平及其贡献。
活动准备	开放网络通道，开放图书室，下发活动过程的表格，拍摄活动照片，提供多媒体环境。
活动过程	1. 上网或查阅书籍资料搜集相关资料。 2. 以小组为单位，将资料进行整合。 3. 小组在班级中展示资料，全班同学相互学习。
活动感悟	通过了解张青莲的生平及贡献，深刻体会到"化学给人以知识，化学史则给人以智慧"，感慨科学家的爱国情怀。于学生而言，既拓展了视野，又获得知识，领悟科学精神，体验了科学研究过程中实践创新、批判质疑的重要意义。
活动评价	自我评价： 整个活动过程中，积极参与，重温科学探究之路。
	组长评价： 积极配合分工，认真对待，主动与他人探讨、分享、交流，善于发现问题并主动解决问题，合作愉快，提高了总结反思能力。
	教师评价（基于核心素养）： 巧借化学史情境，激发学生主动学习的兴趣。学生在活动过程中积极参加、配合默契，结合化学学科知识，渗透化学思想观念，惊叹化学智慧，体验了化学家的科学精神，深刻体会到化学创新无处不在。
活动反思与总结	学生对于化学史的学习非常感兴趣，在化学史的学习过程中有可能探知到学生可能存在的错误概念和形成机理，通过历史上科学家们解决问题的智慧帮助学生转化错误概念，理解学科的结构。

四、活动评价

学生核心素养评价结果汇总对照见表3-8。

表3-8 学生核心素养评价结果汇总对照表

评价指标	评价要素	评价标准	优良率对照（2018.5）			
			实验组		对照组	
			前期	后期	前期	后期
化学观念	1.能认真观察物质，对物质的状态及变化进行准确描述与记录。 2.能从微观角度理解物质性质及其变化。 3.能用适当的符号表征物质及其变化。	优—10 良—8	优11.5% 良24.3%	优29.4% 良45.2%	优12.7% 良25.6%	优24.2% 良35.6%
化学观念	4.能够主动找出活动中涉及的各种变化，通过观察认识到物质处在不断的变化中，变化的特征对变化进行分类研究。 5.认识到变化是有条件的，可控制的。认识到控制反应条件对生成物的影响在实际生产中运用的价值。 6.能从定性和定量角度分析物质的变化，认识到定量定性分析在生产实际中的重要作用。	优—15 良—12	优10.7% 良23.1%	优28.9% 良44.2%	优11.8% 良21.3%	优24.6% 良37.2%
证据推理模型认知	7.能够熟练运用物质的组成和结构与物质的性质、物质的性质与物质的用途之间的关系分析解决问题。 8.学会收集各种证据，能够基于实验和客观事实证实和证伪。	优—15 良—12	优9.5% 良22.7%	优29.4% 良43.8%	优8.7% 良21.6%	优24.8% 良37.3%
科学思维	9.在活动中善于发现和提出有价值的问题，有自己的见解和看法，能够围绕问题提出解决方案。 10.善于倾听，能够及时提出质疑，分析并阐释自己的观点。	优—10 良—8	优9.4% 良19.9%	优27.1% 良39.9%	优9.5% 良20.3%	优23.5% 良33.2%

续表

评价指标	评价要素	评价标准	优良率对照（2018.5）			
			实验组		对照组	
			前期	后期	前期	后期
科学态度与责任	11.能够详细地做出活动的安全预案，善于对问题进行反思和总结。 12.能够针对环境保护和资源合理开发提出自己的见解和看法，具有"绿色化学"观念和可持续发展意识。 13.能运用已有知识和方法综合分析化学过程对自然可能带来的各种影响，权衡利弊，强化社会责任感，积极参与有关化学问题的社会决策并提出自己的建议。	优—10 良—8	优12.3% 良22.2%	优29.4% 良46.2%	优11.7% 良22.7%	优24.8% 良39.8%

附参考评价语：

1）成员表现评价。在活动中积极参与、认真对待，主动与他人探讨、分享、交流，享受思考和表达的乐趣，有良好的学习动机；在活动过程中善于发现问题并主动解决问题，能够主动为本组的任务做出贡献，感受科学探究的艰辛，学习科学家们锲而不舍、造福人类的奉献精神。

2）活动过程评价。活动组织严密，分工明确，组员团结合作，配合默契；能搜集到较全面的相关材料，材料整合较好；分享成果表现大方，语言简练；善于言谈思考，有创新能力，能发现他人优点，认识自己的不足；完成任务既快又好。

3）核心素养评价。充分体会化学物质给人类健康带来的影响，树立可持续发展的观念；将对物质的探索发现和创造的历史在课堂教学的过程中加以分享，让学生沿着科学家的足迹重温对物质的科学探究之路，不仅能再现知识的演变过程，而且还可以揭示知识背后所蕴含的科学思想与科学方法，使学生在获得知识的同时，养成科学的态度，学习科学方法，领悟科学精神；面对有害物质给人类带来的危害，产生悲天悯人的情感，能够客观认识化学物质的两面性，树立合理利用化学物质的观念，全面提高科学素养。

五、活动小结

1.活动感悟

本次活动以"化学之规律——元素周期表的发展历程"为中心内容展开实践活动。从确定活动内容到设计活动方案，再到活动的进行等，每一环节各组成员基本都能参与，并有极大的兴趣。在探索各个活动内容时，大家深入图书室，认真查阅书籍；上网查找，积极讨论记录资料，等等。同学们对活动非常专注，常常忘记时间，他们能够对科学家的贡献和对物质产生的新认识而发出感慨。

活动中同学们运用多种方式搜集资料，开阔了视野。而且越是接近史实，学生对物质的认识和了解就越深刻；对科学家的研究过程、研究成果及奉献精神，越能发自内心的产生敬佩之情；更加深刻地体会到了化学科学的力量，激发学生的社会责任感和爱国情怀。

2. 活动反思

在活动过程中也反映出了很多问题，值得我们深思。如给出一个课题，学生不知如何去组织与规划，比较茫然。这是因为他们之前对于这种形式的学习接触太少。所以在以后的教学中应多为学生提供这样的实践平台，锻炼学生的能力。另外，学校图书室提供的书籍材料不多，权威方面的著作更少，应该给学生更大的查询空间和更丰富的资源，以开拓学生的视野，供学生深入了解和学习。

以史为鉴，可以知兴替，化学史是人类探索奥秘的历史，它承载着化学的过去、现在及将来。作为一名化学教师，我深感过程重于结果，如何引导学生去探索、发现与思考，这个过程对于学生的成长意义不可估量。希望通过此次的探索研究，帮助同学们找到些许答案。

案例四

身边物质的"故事"
——空气成分的发现

一、活动实施

化学史是化学学科孕育、形成、发展及其演变规律的历史，化学教学中引入化学史，可以对学生进行正确的理论思想和研究方法的教育。"一门科学的历史是那门科学中最宝贵的一部分，因为科学只能给我们知识，而历史却能给我们智慧。"在中学化学课程中以化学史为素材，丰富了中学化学课程内容，化学教学中可结合这一身边素材，创设真实情境，组织相关活动，可以更有效地培养"科学素养和社会责任"的和谐素养。

《初中化学课程标准》在"身边的化学物质"部分中提出，引导学生认识和探究身边的化学物质，了解化学变化的奥秘，是化学启蒙教育的重要内容。本主题引导学生观察和探究一些身边常见的物质，帮助学生了解它们对人类生活的影响，体会科学进步对提高人类生活质量所做出的巨大贡献；增强学生对化学的好奇心和探究欲望，使学生初步认识物质的用途与性质之间的关系，帮助学生从化学的角度认识和理解人与自然的关系，初步形成科学的物质观和合理利用物质的意识。

二、活动环节

本次活动从五彩缤纷的化学物质的发展史入手，灵活应用多种学习方式，让学生体验化学美。活动目的指向学生的核心素养发展，利用丰富物质的化学史素材为载体进行教学活动，让学生动手动脑感兴趣，转变单一的知识传授的教学和学生被动学习的学习方式，以有效地提高学生的实证意识、合作交流能力、创新实践能力。活动中学生在了解空气的成分及用途、海水制"碱"的原理、纯碱的性质这些基本知识的同时，开发化学史的教育功能，让学生感受化学在助力社会发展中的重要意义，形成正确、合理地使用化学物质的意识，确立绿色化学观念。因此，本主题设计了如下活动。

活动内容：空气成分的发现

1. 确定内容

以山东教育出版社八年级化学教材第四单元第一节和第二节为基础，拓展延伸以下内容——氧气的发现史、氮气的发现、稀有气体的发现等故事。

2. 活动策略

1）明确分工。按照内容分成三个小组，分别负责搜集氧气的发现史、氮气的发现史、稀有气体的发现史等资料。

2）活动开展。化学组的教师们和学生一起积极参与，发动学生利用课余时间小组合作，通过各种渠道，广泛收集有关资料。

3）资料整合。小组讨论，将搜集的资料进行对比、精练整合，留下可信的经验资料。

4）成果展示。将活动成果在班级中进行展示、交流，拓宽学生知识面。

三、活动成果

学生活动成长档案见表3-9。

表3-9 学生活动成长档案

活动课题	空气成分的发现	活动时间	2017.10
主要参与者	乔文宇、封晓慧等一组同学	指导教师	李凤梅
活动目标	1.通过测定空气成分，认识空气对人类生活的重要作用，体会科学发展的艰难和曲折。 2.知道空气是一种宝贵的自然资源，养成关注环境、热爱自然的情感。 3.拓展学生的视野、提高学生的科学素养，培养学生的创新意识和创新能力，增强社会责任感。 4.通过搜集空气成分的发现史等资料，体会化学史有助于学生理解科学知识、有助于学生理解科学过程是一个探究过程、有助于学生理解科学事业。 5.渗透化学思想观念，树立保护资源的意识。		
活动策略	调查法；文献研究法；小组合作法。		
课前搜集的资料	1.拉瓦锡测定空气成分；2.氧气的发现史；3.氮气的发现史；4.稀有气体的发现史；5.笑气的得名。		
活动感悟	活动中积极参与，认真对待，主动与他人探讨、分享、交流，享受思考和表达的乐趣。活动分工明确，组员团结合作，配合默契；完成任务又快又好。		

教师评价	化学史教育不单纯是讲一些小故事，吸引学生注意力，适当通过一些史实的介绍，能使学生理解相关科学知识、科学过程与方法以及培养学生科学态度、情感与价值观。分享成果表现大方，语言简练；善于言谈思考，能发现他人优点，认识自己的不足。
活动反思	在化学教学中恰当运用化学史，可以激发学生的学习热情和学习兴趣，使学生不再觉得科学是遥不可及的，通过化学史的学习与感受，在学习中逐渐认识科学并且不断探索科学。 本次活动让我们感受到：活动以学生为主，不是能"给"学生什么，而是能为学生"做"什么，引导学生完成分内工作的前提下，去帮助别人，在自主、合作、探究的过程中，引领学生逐步学会评价、学会求同、学会补充。可谓"收获尽在过程中。"但是活动中查阅资料有一定的局限性，展示方式有点单一。我们可以拿出更多的时间挖掘有关网络资源平台，如一些阅读平台或科学知识讲座等，以供学生深入了解和学习相关知识。

四、活动评价

学生核心素养评价结果汇总对照见表3-10。

表3-10　学生核心素养评价结果汇总对照表

评价对象：实验组、对照组学生	评价人：教师	评价时间：2017.9—2019.6			
评价指标	评价要素	优秀率、合格率对照			
		实验组（260人）		对照组（260人）	
		前期	后期	前期	后期
人文底蕴	能理解掌握人文思想	优秀率 15.6%	优秀率 36.7%	优秀率 10.5%	优秀率 42.3%
	能关切人的生存发展				
	能发现欣赏和评价美	合格率 46.4%	合格率 67.7%	合格率 45.2%	合格率 67.3%
科学精神	能尊重实验事实和证据	优秀率 14.8%	优秀率 30.1%	优秀率 13.8%	优秀率 28%
	具有问题意识，不畏惧权威				
	能积极寻求有效的问题解决方法	合格率 37.6%	合格率 60.6%	合格率 48.2%	合格率 48.2%
健康生活	具有安全意识与自我保护能力	优秀率 9%	优秀率 22.1%	优秀率 8.8%	优秀率 27%
	具有抗挫折能力				
	能合理分配和使用时间	合格率 37.6%	合格率 49.5%	合格率 40%	合格率 53%

评价对象：实验组、对照组学生		评价人：教师		评价时间：2017. 9—2019. 6	
评价指标	评价要素	优秀率、合格率对照			
		实验组（260人）		对照组（260人）	
		前期	后期	前期	后期
责任担当	具有团队和规则意识	优秀率	优秀率	优秀率	优秀率
	了解国情历史和传统	6%	26.2%	11.2%	36%
	关注全球性挑战和可持续发展	合格率	合格率	合格率	合格率
		25.6%	38.7%	31.7%	47%
实践创新	具有较强的动手操作能力	优秀率	优秀率	优秀率	优秀率
	善于提出问题和解决问题	14.5%	32.8%	14.8%	48.2%
	有创造力并能对物品优化改进	合格率	合格率	合格率	合格率
		46%	60%	50.1%	70.3%
学会学习	能主动实验、具有浓厚的学习兴趣	优秀率	优秀率	优秀率	优秀率
	善于总结经验、适时调整实验方法	10.3%	32%	18%	48%
	能有效地获取、鉴别、使用信息	合格率	合格率	合格率	合格率
		57.8%	79%	58%	69%

五、活动总结与反思

化学史教学虽然在初中阶段呈现不多，但每一部分承载的信息很多，科学家的思想、方法、思路、精神等，并指向一定核心素养培养目标。所以在初中阶段化学史教学的研究和探索对于学生的兴趣培养，学生的科学探究素养的养成也有很重要的意义。

学生在进行空气成分的发现、探索氨碱法制纯碱发明的调查研究活动时，通过互联网、图书馆等多种媒体收集有关空气成分的信息，了解氨碱法制纯碱的演变过程，重温了不同时代科学家的科研之路，领略了化学在人类的社会发展中不可替代的作用。通过微课和视频，将空气成分的发现史、氨碱法制纯碱的发展史与课堂教学有机融合，让学生沿着科学家的足迹重温科学探究之路，不仅再现了知识的演变过程，而且还可以揭示知识背后所蕴含的科学思想与科学方法，使学生在获得知识的同时，领悟科学精神，全面提高科学素养。

1. 化学史提高教师的素质

化学教师通过学习化学史，掌握了化学学科之间的发展史和内在联系，就能自觉地将现代化学的概况与古代、近代的化学发展过程结合起来，知识条理清晰，科学假设有线索，抽象理论更有说服力。

2.利用趣闻，激发学生的求知欲望

纯理论的化学教学内容很容易让学生感到枯燥无味，课堂气氛呆板。化学史描述从远古时代直至现代漫长时期中化学发展的过程，它包含了一个个扣人心弦、引人入胜的故事，这些故事能够引发学生的兴趣，激发他们的求知欲望。

3.以史为鉴，培养学生的科学素养

培养学生的创新精神和实践能力是素质教育的核心，科学发展的历史表明：没有创新就没有科学的发展。创新，科学就发展、就前进；保守，科学就倒退、就停止。在化学发展的过程中，每一发现都经历了科学家大量的实验、观察、分析、推理和验证的过程，适当让学生模拟科学研究的过程，从选择研究方案、实施研究过程到研究结论的得出，都尽可能地由学生自主操作，有助于学生体验到知识的求索过程，这对于培养学生的创造性思维和探索精神是很有益处的

4.讲授史实，培养学生的爱国主义精神

坚持不懈地对学生进行爱国主义教育是社会主义精神文明建设的一项基本任务，化学教学中对学生进行品德教育已成为教师责无旁贷、义不容辞的重任。化学史教育可以激发学生学习的兴趣，让学生树立辩证唯物主义世界观，掌握科学的学习方法，培养质疑精神，让学生乐于自主学习等。

在活动过程中也反映出了很多问题，值得我们深思。

1.教师层面

教师没有将化学史实作为一种开发教学内容的素材性资源来合理运用。教师在讲授化学史时，过于重视化学史中成功的事实，过于突出科学家的趣闻轶事，过于强调"巧"，而不重视"拙"；教学手段上，大部分教师仍以口头讲述为主，往往不能使学生真正体验到化学的历史发展过程。

2.学生层面

1）学生开始不知从哪里入手，部分学生比较拘谨，不善言谈，且不能深入活动中积极发表自己的见解，导致活动不能及时完成，应多为学生提供这样的实践平台，锻炼学生的能力。

2）学生在整合材料和分享展示时，部分学生语言不够精练，表现不够大方，说明学生的信息整合能力和表达能力有待提高；

3）学生除了到图书室或图书馆，和简单上网查询外，没有足够的时间查询资料。

法国著名科学家朗之万所说："在科学教育中，加入历史的观点是有百利而无一弊的。"化学史的教育功能已被越来越多的化学教师所领悟并应用到教学中。中学化学教师自身就需要多研究，以更高的标准要求自己在今后的教学中不断地完善自己，提高自身的学术魅力与专业素养。所以，化学教学中进行化学史的教育，将是21世纪我国化学教学中素质教育的一个重要组成部分。

案例五

化学之"助力"健康

——舌尖上的化学

一、活动实施

化学是一门基础的自然科学,化学史教育就是在化学教学中,利用化学史促进学生运用科学的世界观,来认识和分析化学知识的形成和发展,以培养学生的科学素质和创新能力,提高学生的学习兴趣,培养学生高尚情操等为根本目标的教育。化学史教育的目标与现在以"学科核心素养"为中心的教育需求不谋而合。

为使学生更深刻的体会在人类发展的过程中,化学在健康方面的一些正面及负面的影响,开发本主题探究活动,旨在利用实践探究活动,充分展现化学科学"对于科学文化的传承和高素质人才的培养的不可替代的作用",潜移默化地提高学生的化学学科核心素养。

人体摄入的物质,与人体的生命活动息息相关,是人体健康的基础之一。因此,本主题从人体摄入的物质入手,从化学对健康的正反两方面影响的角度出发,主要设计了两个实践探究活动。

二、活动环节

1.准确定位,有目标

人体每天都要摄入各种物质,有些物质是人体必需的营养物质,有些则是可有可无的。"舌尖上的化学",从学生现阶段成长所食用的物质种类入手,确定探索内容。

基于必需营养物质,选取了蛋白质和维生素C作为探索内容,通过了解它们的发展史,增强学生的求知欲,提高科学探究方面的核心素养;通过了解结晶牛胰岛素的合成过程,提高学生的民族自豪感。

针对学生的饮食习惯,日常生活中经常食用摄入的含有食品添加剂较多的食品,把合理使用食品添加剂作为了探索内容,帮助学生对食品添加剂有客观公正的认识,认识物质的两面性。

以山东教育出版社九年级化学教材第五单元第一节和第三节为基础,拓展延伸以下内容——蛋白质的发现史(人工合成的结晶牛胰岛素)、维生素C(坏血病的克星等)的发现史、认识食品添加剂(甜味素、着色剂等)。

2.积极策划,有方法

1)明确分工。按照内容分成三个小组,分别负责搜集蛋白质的发展史、维生素C的发现史等资料,认识食品添加剂。

2)进行活动。通过小组合作、查阅学校图书室的书籍、上网查找等方法进行活动,过程中记录所查阅的书籍名称和网站名称等。探索蛋白质、维生素C的发现史,学习食品添加剂的相关知识;从身边的食品出发,了解部分小食品中的某些食品添加剂的作用、分类、对身体的影响等。

3）资料整合。小组讨论，将搜集的资料进行对比、精练整合，留下可信的经验资料。

4）成果展示。将活动成果在班级中进行展示。如讲述蛋白质的发展简史，科学家班廷的故事，介绍结晶牛胰岛素的发现，讲述维生素C的历史故事，以薯片为例了解食品添加剂等。

三、活动成果

学生活动成长档案见表3-11。

表3-11　学生活动成长档案

年级：　九年级　　　活动组别：　一、二、三组　　　日期：　2018.10

活动课题	舌尖上的化学
活动目标	通过了解人类发现某些营养物质的历史过程，认识化学学科的发展在帮助人类战胜疾病和营养保健方面的重要贡献；认识和处理有关饮食营养、卫生健康等生活问题，提高科学素养，养成良好的生活方式和习惯。
活动策略	通过小组合作、查阅书籍资料、上网查找、讨论交流等方法进行活动。
活动内容	蛋白质的发现史（人工合成的结晶牛胰岛素）、维生素C（坏血病的克星等）的发现史、认识食品添加剂（甜味素、着色剂等）。
活动准备	开放网络通道，开放图书室，下发活动过程的表格，拍摄活动照片，提供多媒体环境
活动过程	1.上网或查阅书籍资料搜集相关资料活动。 2.以小组为单位，将资料进行整合。 3.小组在班级中展示资料，全班同学相互学习。
活动感悟	学生沿着科学家的足迹重温对物质的科学探究之路，不仅能再现知识的演变过程，而且还可以揭示知识背后所蕴含的科学思想与科学方法；充分体会化学物质给人类健康带来的影响，树立可持续发展的观念。
教师评价	1.在活动过程中善于发现问题并主动解决问题，能够主动为本组的任务做出贡献，感受科学探究的艰辛，学习科学家们锲而不舍、造福人类的奉献精神。 2.各小组成员，分工明确，配合相对默契，听从指挥，有任务感；能搜集到较全面的相关材料，材料整合较好；分享成果表现大方，语言简练；善于言谈思考，有创新能力。
活动反思	开始时，不知从哪里入手，这是因为教师对化学史部分的知识也了解不多，所以不能以给明学生明确而具体的方向。部分学生比较拘谨，不善言谈，且不能深入活动中积极发表自己的见解，导致活动不能及时完成；在整合材料和分享展示时，部分学生语言不够精练。应该给学生更大的查询空间和更丰富的资源，以开拓学生的视野，供学生深入了解和学习。

四、活动评价

学生核心素养评价结果对照见表3-12。

表3-12 学生核心素养评价结果汇总对照表

评价指标	评价要素	评价标准	优良率对照（2018.12）			
			实验组		对照组	
			前期	后期	前期	后期
化学观念	1. 能认真观察物质，对物质的状态及变化能准确描述与记录。 2. 能从微观角度理解物质性质及其变化。 3. 能用适当的符号表征物质及其变化。	优—10 良—8	优11.5% 良24.3%	优29.4% 良45.2%	优12.7% 良25.6%	优24.2% 良35.6%
化学观念	4. 能够主动找出活动中涉及的各种变化，通过观察认识到物质处在不断的变化中，变化的特征对变化进行分类研究。 5. 认识到变化是有条件的、可控制的。认识到控制反应条件对生成物的影响在实际生产中运用的价值。 6. 能从定性和定量角度分析物质的变化。认识到定量定性分析在生产实际中的重要作用。	优—15 良—12	优10.7% 良23.1%	优28.9% 良44.2%	优11.8% 良21.3%	优24.6% 良37.2%
科学思维	7. 能够熟练运用物质的组成和结构与物质的性质、物质的性质与物质的用途之间的关系分析解决问题。 8. 学会收集各种证据，能够基于实验和客观事实证实和证伪。	优—15 良—12	优9.5% 良22.7%	优29.4% 良43.8%	优8.7% 良21.6%	优24.8% 良37.3%
科学探究与创新	9. 在活动中善于发现和提出有价值的问题，有自己的见解和看法，能够围绕问题提出解决方案。 10. 善于倾听，能够及时提出质疑，分析并阐释自己的观点。	优—10 良—8	优9.4% 良19.9%	优27.1% 良39.9%	优9.5% 良20.3%	优23.5% 良33.2%

评价指标	评价要素	评价标准	优良率对照（2018.12）			
			实验组		对照组	
			前期	后期	前期	后期
科学态度与责任	11. 能够详细地做出活动的安全预案，善于安全问题进行反思和总结。 12. 能够针对环境保护和资源合理开发提出自己的见解和看法，具有"绿色化学"观念和可持续发展意识。 13. 能运用已有知识和方法综合分析化学过程对自然可能带来的各种影响，权衡利弊，强化社会责任感，积极参与有关化学问题的社会决策并提出自己的建议。	优—10 良—8	优12.3% 良22.2%	优29.4% 良46.2%	优11.7% 良22.7%	优24.8% 良39.8%

五、活动小结

本次活动以"化学与健康"为中心内容，依次展开实践探究活动。从确定活动内容到设计活动方案，再到活动的进行等，每一环节各组成员基本都能积极参与，并保有了极大的兴趣。在探索各个活动内容时，大家深入图书室，认真查阅书籍；上网查找，积极讨论记录资料；在班级调查各位同学的亲人的吸烟情况等。学生认识到化学与我们的健康息息相关，在获得化学知识和食品知识的同时，也有助于他们养成健康饮食的良好习惯。

案例六

化学之"助力"社会发展

——话材料的发展

一、活动实施

《义务教育化学课程标准》中强调：为学生创设化学、技术、社会、环境相互关系的学习情景，是学生初步了解化学对人类文明发展的巨大贡献，认识化学在实现人与自然和谐共处、促进人类和社会可持续发展方面所发挥的重大作用。在中学化学课程中以化学史为素材，丰富了中学化学课程内容，化学教学中可结合这一身边素材，创设真实情境，组织相关活动，可以更有效地培养"科学素养和社会责任"的和谐素养。

本主题旨在使学生知道自然资源并不是"取之不尽用之不竭"的，人类要合理地开发和利用资源，树立保护环境、与自然和谐相处的意识，保证社会的可持续发展。因此，本次活动努力创设真实而有意义的学习情境，灵活应用多样化的学习方式，活动目的指向学生的核心素养发展，利用丰富的化学史素材为载体进行教学活动，让学生动手动脑感兴趣，转变单一的知识传授的教学和学生被动学习的学习方式，以有效地提高学生的实证意识、合作交流能力、创新实践能力。活动中围绕"科学事实、科学思想、科学方法、科学精神"这条主线，在了解化学材料、能源开发利用、农药化肥的基本知识的同时，开发化学史的教育功能，让学生感受化学在助力社会发展中的重要意义，形成正确、合理地使用化学物质的意识，确立绿色化学观念，树立保护环境、与自然和谐相处的意识。通过本次活动，增强学生的资源意识，强化学生关心自然、关心社会的责任感；养成坚定不移的求真务实精神，造福人类的奉献精神，有利于学生对人文价值的体验；树立学生资源观、能源观，培养学生的创新意识和创新能力，增强社会责任。

二、活动环节

1）制定活动方案，包括活动目标的确立，参加人员的选定、分工等。本次活动包括三个实践内容：一是材料的发展；二是探索新能源；三是农作物的重要食粮与生长卫士。

2）广泛收集有关资料。进行一次有关探索材料发展的知识普及讲座，内容可以是能源危机或现状，新能源的应用，包括太阳能、风能、水能、核能、海洋能、氢能等，在此基础上组织开展知识交流，拓宽学生知识面；开展"探索材料发展史、能源的发展史以及新能源和农作物生长的食粮与卫士"等实践活动，组织调查，学生分工合作，搜集相关信息。

3）组织形式有化学兴趣小组活动。讲化学史趣味故事、观看小视频、阅读或制作微课等，强调"做中学"的学习方式。

4）活动展示。学生展示搜集的资料、图片，或用科幻画的形式再现材料、能源的发展史；学生分享感受、收获，分享成果。

三、活动成果

学生活动成长档案见表3-13。

表3-13 学生活动档案

活动课题	话"材料的发展"	活动时间	2018.11
主要参与者	李晓叮、徐义翔等一组同学	指导教师	于瑞清
活动目标	1. 在材料学的课程中充分发掘材料化学史的教学价值，从而设计课堂教学的新思路和开辟课堂教学的新途径，以此提高学生的学习兴趣。 2. 拓宽学生视野、提高学生科学素养；赞赏化学对社会发展的重大贡献。 3. 培养学生的创新意识和创新能力，增强社会责任感。 4. 感受化学在材料研制中的重要意义,增强爱国主义教育。 5. 体会化学史有助于学生理解科学知识、有助于学生理解科学过程是一个探究过程、有助于学生理解科学事业。 6. 通过学习材料的发展史，养成坚定不移的求真务实精神，造福人类的奉献精神，有利于学生对人文价值的体验。 7. 渗透化学思想观念，树立保护资源的意识。		
活动策略	文献研究法；调查法；小组合作法。		
课前搜集的资料	1. 炼铁的历史；2. 近代、现代炼铁技术的发展；3. 中国高炉炼铁的发展；4. 金属的发展史；5. 有机合成材料与复合材料。		
活动感悟	通过探索先人的材料发展史，深刻体会到"化学给人以知识，化学史则给人以智慧"，感慨科学家的爱国情怀。既拓展了视野，又获得知识，领悟科学精神，体验了科学研究过程中实践创新、批判质疑的重要意义。		
教师评价	巧借化学史情境，激发学生主动学习的兴趣。学生在活动过程中积极参加，配合默契，结合化学学科知识，渗透化学思想观念，建立资源观、环保观、元素观等，惊叹化学智慧，体验了化学家的科学精神，深刻体会到化学创新无处不在。		
活动反思	本活动遵循"从生活走进化学，从化学走向社会"的思路，让学生养成勇于开拓的创新精神、造福人类的奉献精神。本次活动中，不足之处是查阅资料有一定的局限性，展示方式有点单一。但是活动中，我们的观察能力、逻辑思维能力、语言表达能力得到充分发展；化学史有极强的激励和教育功能；激发我们养成独立思考的理性精神、用于开拓的创新精神、团结互助的协助精神、造福人类的奉献精神。		

四、活动评价

实验班与非实验班学生发展核心素养评价结果汇总见表3-14。

表3-14　学生核心素养评价结果汇总对照表

评价对象：实验组、对照组学生		评价人：教师		评价时间：2017.9—2019.6	
评价指标	评价要素	优秀率、合格率对照			
		实验组（300人）		对照组（300人）	
		前期	后期	前期	后期
人文底蕴	1. 能理解掌握人文思想 2. 能关切人的生存发展 3. 能发现欣赏和评价美	优秀率 20.3% 合格率 67.4%	优秀率 52.1% 合格率 89.7%	优秀率 20.8% 合格率 68.7%	优秀率 38.7% 合格率 78.1%
科学精神	4. 具有问题意识，不畏惧权威 5. 能发现和提出有探究价值的问题 6. 能积极寻求有效的问题解决方法	优秀率 38.4% 合格率 69.5%	优秀率 66.8% 合格率 95.8%	优秀率 38.9% 合格率 69.2%	优秀率 52.6% 合格率 83.4%
健康生活	7. 具有安全意识与自我保护能力 8. 具有抗挫折能力 9. 能合理分配和使用时间	优秀率 44.2% 合格率 76.6%	优秀率 76.8% 合格率 97.3%	优秀率 44.7% 合格率 77.1%	优秀率 64.5% 合格率 83.7%
责任担当	10. 具有团队和规则意识 11. 具有挑战的精神 12. 关注全球性挑战和可持续发展	优秀率 55.5% 合格率 81.3%	优秀率 80.0% 合格率 98.4%	优秀率 55.8% 合格率 81.0%	优秀率 69.5% 合格率 87.9%
实践创新	13. 具有较强的动手操作能力 14. 善于提出问题和解决问题 15. 有创造力并能对模型优化改进	优秀率 29.2% 合格率 57.9%	优秀率 66.8% 合格率 88.9%	优秀率 29.7% 合格率 57.1%	优秀率 53.7% 合格率 71.3%
学会学习	16. 能主动实验、具有浓厚的学习兴趣 17. 善于总结经验、适时调整实验方法 18. 能有效地获取、鉴别、使用信息	优秀率 32.4% 合格率 56.8%	优秀率 57.9% 合格率 90.3%	优秀率 32.9% 合格率 57.1%	优秀率 48.7% 合格率 79.7%

五、活动总结与反思

我国学者廖正恒曾说过，"化学教学同化学历史的结合，就可以使教学不只局限于形成知识的结论，还可以追溯它的来源和演变；不只局限于知识的本身，还可以反映出人们在确定知识中的思想和方法"。"化学课"给学生以知识，"化学史"给学生以智慧，二者是相辅相成，相互补充。

学生在进行材料的发现史、探索新能源的调查研究活动时，通过互联网、图书馆等多种媒体收集有关材料的发展、使用信息，了解煤、石油、天然气等的形成过程，理解金属材料、硅酸盐材料、合成材料和复合材料以及能源等对促进社会发展、提高人类的生活质量方面做出的巨大贡献，重温了不同时代科学家的科研之路，领略了化学在人类的社会发展中不可替代的作用。基于微课和视频，将材料、能源的发展史与课堂教学有机融合，让学生沿着科学家的足迹重温科学探究之路，不仅再现了知识的演变过程，而且还可以揭示知识背后所蕴含的科学思想与科学方法，使学生在获得知识的同时，领悟科学精神，全面提高科学素养。调查之后，通过对资料的整理、分析、交流、展示，盘点了各自在活动中的收获。

化学史可以激发学生的学习热情和学习兴趣，使学生不再觉得科学是遥不可及的，通过化学史的学习与感受，在学习中逐渐认识科学并且不断探索科学。

学习化学史可以培养学生科学的人文主义精神，通过学习化学史，更重要的是让学生学习科学家们不断探索知识，从不轻易放弃的高贵品质，不断促进学生科学精神和人文精神的结合，树立积极的世界观和人生观。

学习化学史，还可以让学生了解化学对社会生活的影响，化学史不仅是研究化学的产生和发展的历史，同时也是化学对社会影响记录的历史，化学影响着社会生活的方方面面。

当然，活动中也有不足之处。本次活动有一定的局限性，学生的思维和视野并未完全打开，教师本身对化学史的研究太少，驾驭能力明显不足。比如，有机会或适当的条件，可以带学生参观炼铁厂，或参观金属冶炼博物馆；可以带领学生走进化肥厂、发电厂，甚至是新能源博物馆等，了解古人使用材料、能源和绿色农业，由此帮助学生巩固知识提高技能。有效提高学生的创新意识，弘扬立德树人的宗旨。

宋心琦教授说："化学教学能够使学生终身受益的不是化学专业知识，而是影响他们世界观、人生观和价值观的化学思维概念。"未来的路任重而道远！

六、问题与展望

研究过程中发现的突出问题有课程开发与实践的持久性、自觉性有待加强；探究学习过程中如何提高效率的问题；初中化学史资源不够全面、深入和精细。化学史主题学习活动课程的开发与实践是复杂的系统的，有待更深入的研究。

（一）存在问题

1. 教师层面

教师化学史素养欠缺，对核心素养为目标的教学理念没有根本转变，学科育人意识淡薄。学生对化学史的学习浅尝辄止，深入研究和思考的动力不足。大部分教师需要提高的方面，一是理论学习短板，二是论文撰写方面的短板。主要表现在研究中不能站在一个更高层次上设计活动方案，过程跟进中缺乏必要的指导，成果汇报活动中不能给予适度的点拨和指导，评价方式单一，评价语言贫乏。另外，不能自觉地适时将成果固化。

1）教师课堂上存在错误性描述。由于教师本身缺少系统的化学史教育和培训，对相关化学史知识了解较少。长期以来，教师所利用的资料主要就是课本、教参，都是按照一定的逻辑体系编排的化学知识，教学中采用的化学史往往都是杂志、报刊、网络等转载的内容，导致在教学实践中存在着对所引用的化学史缺乏考证的现象。尽管学生被这种材料所吸引，但是采用这种不经过科学论证的材料，本身就是不严谨的表现。

2）课堂上呈现化学史过度简化。化学史在课堂上的另一异化形式表现为：教师建立一个预设的概念框架，将各种科学事实按照框架填充进去，只是让学习过程更加符合自己设定的标准。

2. 学生层面

只有具有强烈问题意识地学生，才能在学习过程中不断主动的发现问题，提出问题，思考问题，解决问题。

1）学生普遍问题意识缺乏。学生大多都有"问题意识缺乏症"，而且随着年龄地增长，发现和提出问题地积极性更是越来越低，主题活动、探究活动也多是学生被动地被牵着鼻子走，学生不敢动手也不愿意动脑了。

2）部分学生参与度不够，缺乏深度思维。组长能够积极主动承担活动任务，但是大多数学生对于有思维含量的活动有畏难情绪，在方案设计、活动开展、成果汇报等环节自我"边缘化"，停留在看热闹的地位，深度参与和深度学习积极性不够。具体表现：照方抓药，简单地按照活动指引一步步地做；集中于主题学习的一个方面而不顾其他方面；展示随机的行为，处于忙忙乱乱的状态，环顾四周，照搬他人的做法，受人指挥，给别人打下手。

（二）展望未来

初中化学史主题实践性课程的设计与实施虽然取得了一些成效，但还有很多方面需要进一步探索。

1）如何使化学史主题学习活动组织进一步优化，而且形式多样，学生学习方式更加有效化，使之更加注重面向全体学生积极参与，真正做到"为了全体学生的发展"，将知识转化为素养。

2）如何结合新课标在化学史主题学习活动中将教学目标、教学内容、教学结果等方面全面、深入地发展学生的核心科学素养。

总之，任何一种探索研究，都会遇到许多问题。但我们相信，学生核心素养的落实会在问题解决中不断深入，在所有有识教育者孜孜不倦的探索中不断提效！

第四章
初中化学课堂探究主题实践性课程

一、概论

（一）初中化学课堂探究主题实践性课程设计的背景

1. 时代背景

21世纪的教育需要适应社会的迅速变化，教育理念需要紧跟时代进行迭代。在20世纪，联合国教科文组织提出四个变化：学会学习；学会做事；学会与人共同生活；学会生存。十八大之后中国推出立德树人的理念，发展学生学科核心素养也成为课程改革重点内容，2014年教育部提出学生核心素养相关的要求，明确了学生的必备品格和关键能力。很多学校和教师都从学校实际情况和对应学段的学生特性出发解读教育部相关素养的文件精神，尝试提高教学质量，培养学生的能力和品质。2017年前后，根据普通高中新课程标准，各学段积极关注学生素养的发展，对教师与学生需要具备的相应能力的研究逐渐出现。

2. 课程发展需要

高中各学段在积极探索核心素养的落实途径。高考政策的变化带动新课程的改革，各所高中都在积极应对，积极进行课改尝试。在本研究开始之前，查阅资料得出素养落实的课程实施中较为显著的教学模式有三种，分别是用"学案导学"进行高效课堂的教学模式、关注学生差异的"因材施教"模式、基于翻转课堂的"微课"教学模式。大部分的研究者都在进行高中的课堂教学变革，原因在于高中学段新发布了课程标准，同时高中的知识要求层次不同，可以在知识层面从必修与选修中进行选择。培育素养的素材选择余地也更大，对知识进行顶层的设计和架构相对容易。与高中的素养实践热火朝天的情形形成鲜明对比的是义务教育阶段的素养研究与实践的成果较少。笔者认为要想达到立德树人的长远目标，要从基础抓起，从中学入手。

初中学段也需要在课堂教学中培养学生的核心素养。培养学生化学学科核心素养是所有阶段化学教育工作者的奋斗目标，初中与高中知识的连贯性，统一性，体现在化学学科核心素养是对化学学科本质的总结，是不同层次的特点的综述，是上下衔接的，是具有连贯性的，是横向配合的。初中与高中知识的难度与广度的差异性，对学生所达到的素养的水平要求也有差异，所以作为导学案实践的研究者，将化学学科核心素养的理念，依据初中课程的标准将知识体系进行归类分析，创新呈现形式，逐步形成指向核心素养的初中化学课堂探究活动课程。

（二）初中化学课堂探究实践性学习的现状

1. 国外研究现状

早在20世纪，杜威就认为探究是儿童的本能，他主张儿童构建知识要在已有的兴趣和经验基础上进行自主探究，他的观点为后世的许多研究和探究奠定基础。到20世纪中期，美国掀起了教育改革的浪潮，布鲁纳首次提出发现式学习，强调学生要用科学探究的方式去学习。随后在布鲁纳、杜威等人的关注下，更多的学者研究者关注科学探究，为帮助学生获得 "进行科学探究以及发展探究技能" 的方法起了关键的、不可替代的作用。因此，美国所颁布的《2061计划》中明确将科学探究作为科学素养的重要组成要素，并位于科学素养的首要位置。美国的《国家科学教育标准》更加注重对学生科学探究能力的培养，要求教师的教和学生的学要以科学探究为核心，不断提高学生的科学探究能力。随着科学探究逐渐被接受和推崇，对科学探究能力的研究逐渐增多，如对教育教学中培养学生的课程模式范例的研究等。

2. 国内研究现状

随着我国教育教学改革的不断深入，我国的教育研究者对培养学生科学探究能力越来越关注。笔者通过知网检索与科学探究能力的有关的论文、学术期刊、书籍等文献有五千多篇，对现阶段培养学生科学探究能力的研究进行了总结，主要包括以下两个方面。

一是从实验探究教学方式、从教学内容的选择、从探究能力教学方法的设计、对科学探究能力评价角度进行研究，其中对实验探究教学的研究较多。

如唐雅秋在《促进科学探究能力发展的初中化学实验教学研究》、刘欢《基于科学探究的初中化学实验探究性教学》等是通过探究实验教学方式对科学探究能力的培养；孟献华的《结合化学史实施探究教学的课程设计与实践》、孙金慧的《运用高中生物学教科书中 "栏目" 培养学生科学探究能力的研究》是从教材内容的选择上对科学探究能力培养进行研究的；徐东方的《初中化学新课程科学探究的方法和案例研究》、单陶文的《初中化学中探究教学的策略研究》等是通过教学方法的设计对科学探究能力培养进行研究的；刘盼盼的《初中生化学科学探究能力评价研究》、李博宁的《高中生科学探究能力评价标准体系的研究》等是从对科学探究能力评价角度进行研究的。

陈利娟在《新课程标准理念下初中化学实验教学的探索与实施》中，首先对于国内外的化学实验教学的现状进行了相关的对比分析，并举出了具体的实例。接下来从理论层面论述了新课程理念下初中化学实验教学模式创新的重要性和必要性，并且结合相关的教学实践，进行了初中化学实验教学设计，通过实验，对于教学案例进行了深入的分析。最后对于相关的研究进行了分析，对于今后的研究方向提出了一些自己的设想。王莘在《利用初中化学新教材培养学生的探究能力》中，首先对于新教材培养学生探究能力的理论进行了相关的分析，包括探究能力的概念以及相关的理论基础。接下来对于新教材如何培养学生的探究能力进行了文本分析，并且作了相关的现状调查。最后针对新教材如何培养学生的探究能力做出了具体的分析：利用新教材中的探究实验培养学生的探究能力，利用新教材中的习题培养学生的探究能力，以及相关的案例及其实施结果分析。

二是从学前、中小学、高中以及大学不同的学习阶段研究。

如何凤莉的《幼儿科学探究能力培养策略研究》是从学前阶段对科学探究能力进行研究的；董小玫的《小学生科学探究及影响因素》是从小学阶段对科学探究能力进行研究的；潘婉迪在《边疆地区初中探究性教学现状的研究》是从初中阶段对科学探究能力进行研究的；杨润明的《谈高中化学教学中学生探究能力的培养》是从高中阶段对科学探究能力进行研究的；杨刚的《美国科学教师科学探究能力培养的课程模式范例探析》则是从教师专业层面对科学探究能力进行研究的。

由此可以看出，我国在培养学生科学探究能力的研究各个方面的案例还是比较全面和丰富的，这也给笔者的研究提供了借鉴和参考，更体现了培养学生的科学探究能力要随着时代的进步和发展不断地更新。

（三）初中化学课堂探究实践性课程的内涵与目标

1.课程的内涵

1）科学探究能力。科学探究能力是指独立解决问题的能力，包括人们通常所说的根本原因、好奇心、问问题，试图澄清事物等。科学探究能力还包括识别科学问题、使用证据得出科学结论以及与他人交流结论的能力。学生的科学探究能力是学生成功完成科学探究活动的心理条件，它是科学探究过程所需要的能力，也是探索自然界中事物时所使用的能力。学生的科学探究能力不仅包括认知能力，还包括社交技能，如反思性评估、沟通和协作。

2）《义务教育化学课程标准》指出"科学探究能力"包括提出化学问题、对化学问题做出猜想、制订化学实验计划、进行探究实验、收集实验中证据、解释实验的现象和结论、反思实验过程和结论、表达和交流自己的观点等八个能力要素，并对每个能力的目标做出了相应规定。

根据已有的研究和义务教育课程标准，本课程包括将"科学探究能力"细化为提出问题能力、做出猜想与假设能力、制定实验方案能力、实验操作能力、收集证据能力、实验结果分析能力、反思与评价能力、合作与交流能力八个组成要素。

2.研究的目标

1）构建"化学知识内容、核心素养培养目标、实践性学习活动设计"三者有机统一课堂探究性实验活动方式，给教师提供核心素养落实和评价的策略。

2）构建基于核心素养的课堂探究性实验的范本及评价体系，以引领、指导教师在教学中落实核心素养。

3）通过校内探究性实验的开发与实践，促成教师教学观念的转变和学生学习方式的转变，有利于学生主体意识和主体能力的形成和发展，有利于塑造学生独立的人格品质。

3. 解决的问题

初中学生对科学探究的认识和理解还相当薄弱，实验能力也比较弱，科学探究意识不够强。学生进入初三后，为了满足中考的需求，各项训练都以提高成绩达到中考标准为最终目的，科学探究能力的培养都会被忽视。此课程目标为通过理论研究和实验课程开发来培养初中学生的科学探究能力。

第一，实验操作能力的培养。通过讲解探究方法和实验探究步骤，使学生了解化学实验的基本内容和基本实验步骤，能够认识化学仪器并独立进行操作，培养学生的动手能力。

第二，科学探究基本能力的培养。提出问题能力的培养、搜索收集相关证据能力的培养、分类比较能力的培养、总结与反思能力的培养等。

第三，科学探究综合能力的培养。包括实验准备（提出问题、做出合理猜想）、实验的操作进行（收集证据、分类比较、验证假设）、实验后的总结（数据分析、研究、论证结论）。

（四）初中化学课堂探究实践性课程的现实意义与实践价值

"科学探究与创新意识"素养是对其他维度素养的综合运用，对于促进学生的全面发展有着不可替代的意义。化学实验是培养学生的实验操作技能、合作意识、交流表达能力以及创造性思维的十分重要的途径。

1. 现实意义

（1）对核心素养的内涵研究，具有一定的理论价值。

基于核心素养开发校内探究性实验，并通过实践性学习活动落实核心素养，必须探索具备化学学科特点和本质的、解决问题所必需的、关键的素养，明确核心素养的内涵。

（2）探索初中化学探究性实验中核心素养落实的方法和评价策略。

核心素养具有隐含性，涉及科学态度与社会责任等方面的核心素养的落实和评价，在学术上还比较模糊，而探究性实验关注隐性的知识与经验，所以研究并开发校内探究性实验的评价策略意义重大，研究过程中产生的策略、经验等，对学科教学落实核心素养提供理论的支撑。

（3）将"学科德育"融入初中化学探究性实验的理论研究。

核心素养的培养目标中有很多都是德育目标，本项目研究以化学实践性课程为载体，全面提升学生核心素养，同时落实立德树人目标。将学科德育有机融入化学实践性学习活动中，能够产生一定的理论价值。

（4）提高初中生自主学习能力，使其更好地与高中学习接轨。

任何学科的学习都是具有连续性的，化学学科在初中仅进行了初步的课程学习，学生从初中进入高中后，会发现化学这一科目的学习方式发生了很大的变化，更多是以自主探究学习为主。所以，在初中培养学生的科学探究能力，可以让学生更好地适应高中的教学模式。随着新课程改革的推行和加深，初中化学课程标准（实验）对教学内容进行了加强，引入了"实验探究"这一重要学习模块，初中化学教材更加注重对学生探究实验这部分内容的整体设计，并提出了具体的学习要求。

（5）改变传统的教与学的方式，提高学生学习兴趣和学习效率。

传统的教学方式以教师讲授为主，学生机械地接受，在整个教学活动过程中，师生的主次位置颠倒，不利于知识的传授；学生的学习方式也很陈旧被动，往往都是教师教什么就记什么，课后不会自己学习和总结，不能积极主动地思考问题；在课堂教学过程中学生的注意力不集中，对知识的理解不透彻，基础知识不扎实，缺乏学习兴趣，学习成绩难以提高，造成了深入学习的困难。所以，教师改变传统的教学模式是非常有必要和重要的。教师把课堂还给学生，让学生成为学习的主体，利用科学探究的教学模式，提高学生的学习兴趣，转变学生的学习态度，改变学生的学习方法，让学生成为学习的小主人，使学生能更好地去理解知识、掌握知识、探究知识，从而提高学生的学习效率。

2. 实践价值

将"立德树人"目标融入初中化学教学之中，根植于核心素养。充分挖掘初中校内探究性实验课程蕴含的内在德育价值，强化核心素养与德育的契合，强化育人成效，实现实践育人。

1）构建"知识内容、核心素养目标、探究性活动设计"三者有机统一校内探究性实验活动方式。将会呈现一系列的既相对独立又与课程标准、教材知识紧密联系的探究性实验活动的设计及评价。能为教师在课堂教学、作业、化学社团活动等的设计上提供参考。让核心素养在初中化学学科教学的落实有可操作的载体和内容。也能为综合实践课程提供素材，具有广泛的实践应用价值。

2）基于核心素养的化学探究性实验的开发和实践研究，可以有效改变初中化学的学习方式与教学模式。核心素养的落实，不仅仅是对教学内容的选择和变更，它更是对学习方式和教学模式的变革提供了保障。让学生在真实的学习情景中以实践性学习活动的方式展开，这种学习方式与教学模式的教学改革研究，既具有理论价值，又具有实践应用价值。

3）为初中化学学科教学中落实立德树人的目标，提供可行性方案与范本。围绕核心素养架构体系，从化学学科视角出发，开发初中化学探究性实验案例及评价体系，并在全市范围内推广与实践，实现学科核心素养与学科德育的契合。另外，初中化学探究性实验也是国家课程校本化实施的有益补充，参考意义重大。

二、初中化学课堂探究主题实践性课程的开发

（一）课程架构

1. 架构的基本思路

"探究"是本课程提高学生化学核心素养的主要途径。"探究"是一种重要而有效的学习方式，是培养学生科学观念、创新精神与实践能力的有效途径。探究前明确提出学生需要发展的核心素养所包含的素养目标与教学内容，并针对每一个素养目标提出了具体的探究活动建议。如针对素养目标"知道分子的特征"中包含的"认识分子是不断运动的、有间隔的、存在相互作用力"这些具体内容，设计了"将水与酒精混合后测量体积"等富有探究性的活动，让学生在调查与探究中获得概念，认识许多宏观现象和分子特征的密切关系，使学生在科学探究活动中通过总结与反思，认识实验是获得科学结论的重要方法，同时能提高学生相互交流与表达的能力，学会批判地接纳他人意见，体验与他人合作的重要性。

2. 课程的素养框架

通过对中国学生发展核心素养和化学学科核心素养的解读，构建起初中化学课堂探究实践性课程素养框架。

（二）课程目标的设定

为了解目前初中化学课堂教学中的实际情况，掌握学生缺失或薄弱的化学核心素养，进而明确课堂探究活动教学在提高学生核心素养方面急需解决的问题。拟定了如下调查问卷。

初中生化学学科核心素养调查问卷

亲爱的同学们：

大家好！这是一份关于化学学科核心素养的调查问卷，旨在了解初中学生化学学科核心素养的培养情况和实验探究的能力，从而有助于提高学生的化学学习。请如实作答，真诚感谢你的填写！

1. 你听说过化学学科核心素养吗？（　　　　）

A. 没有听说过　　　　　　B. 听说过但不了解　　　　C. 有一定了解

2. 你能通过观察、辨识一定条件下物质的形态及变化的宏观现象。（　　　　）

A. 同意　　　　　　　　　B. 不确定　　　　　　　　C. 不同意

3. 初步掌握了解物质及其变化的分类方法。（　　　　）

A. 同意　　　　　　　　　B. 不确定　　　　　　　　C. 不同意

4. 你能运用符号表征物质及其变化，比如正确书写化学方程式。（　　　　）

A. 同意　　　　　　　　　B. 不确定　　　　　　　　C. 不同意

5. 你能初步从物质的微观层面理解其组成、结构和性质的联系。（　　　）

A. 同意　　　　　　　　B. 不确定　　　　　　　　C. 不同意

6. 你能初步根据物质的微观结构预测物质在特定条件下可能具有的性质。（　　　）

A. 同意　　　　　　　　B. 不确定　　　　　　　　C. 不同意

7. 你认识物质的多样性，能对物质进行分类。（　　　）

A. 同意　　　　　　　　B. 不确定　　　　　　　　C. 不同意

8. 你认为物质是在不断运动的，物质的变化是有条件的。（　　　）

A. 同意　　　　　　　　B. 不确定　　　　　　　　C. 不同意

9. 你能多角度地分析化学变化，认识化学变化是可以调控的。（　　　）

A. 同意　　　　　　　　B. 不确定　　　　　　　　C. 不同意

10. 你初步学会收集各种证据，对物质的性质及其变化提出可能的假设。（　　　）

A. 同意　　　　　　　　B. 不确定　　　　　　　　C. 不同意

11. 你能初步基于证据进行分析推理，验证假设。（　　　）

A. 同意　　　　　　　　B. 不确定　　　　　　　　C. 不同意

12. 你能总结知识、提炼模型并运用模型来解决化学问题。（　　　）

A. 同意　　　　　　　　B. 不确定　　　　　　　　C. 不同意

13. 你能通过观察、辨识一定条件下物质的形态及变化的宏观现象。（　　　）

A. 同意　　　　　　　　B. 不确定　　　　　　　　C. 不同意

14. 你喜欢钻研，能发现和提出有探究价值的化学问题。（　　　）

A. 同意　　　　　　　　B. 不确定　　　　　　　　C. 不同意

15. 你能在教师的指导下（小组合作、个人独立）等多途径，从问题和假设出发，根据探究目的，设计实验方案。（　　　）

A. 同意　　　　　　　　B. 不确定　　　　　　　　C. 不同意

16. 你经常关注与化学有关的社会热点问题，能做出正确的价值判断。（　　　）

A. 同意　　　　　　　　B. 不确定　　　　　　　　C. 不同意

17. 你具有可持续发展意识和绿色化学观念。（　　　）

A. 同意　　　　　　　　B. 不确定　　　　　　　　C. 不同意

18. 你对化学的喜爱程度_____。【请填写数字0（不满意）–10（满意）】

19. 你对化学知识掌握的评价_____。【请填写数字0（不满意）–10（满意）】

20.你对化学实验操作能力的评价_____。【请填写数字0（不满意）–10（满意）】

通过对回收的实验组134份和对照组133份，共计267份调查问卷进行统计和分析，得出了学生在宏观辨识微观探析、变化观念平衡思想、证据推理模型认知、科学探究创新意识和科学态度社会责任五个维度的化学学科核心素养的水平。

（三）课程内容确定

以义务教育化学课程标准为基础，以教科书的内容为线索，以培养学生核心素养为目标，利用问卷调查的方式了解初中化学实验教学现状和初中学生的科学探究能力与创新意识发展现状，结合实际教学情况提出相应的教学策略，该策略在一定程度上能够为初中阶段化学实验教学提供参考。初中学段基于核心素养落实的探究性实验的开发与实施研究还较为欠缺。本课程开发基于"核心素养"的初中化学课堂探究性实验，并进行推广实施，为初中化学学科落实核心素养、实现学科的育人价值提供实践的范例。

1. 更新教育理念，创新教学形式

课程的实施过程中，坚持以学生为主体的教育思想，强调探究性活动不只是知识的积累和技能的训练，而更重要的是培养具有独立思考能力、运用知识能力、创新知识能力、适应未来社会能力以及能够进行终身学习的人。

2. 挖掘化学学科育人价值，促进学生全面发展

根据化学学科的性质与特点，从学生发展核心素养的需要出发，分析并细化学科知识体系对学生发展核心素养所能起的独特作用。探究活动中要激发学生充分展现自身的想象力和创造力，使学生从活动中习得学科知识，成为养成良好的分析问题、解决问题时相对稳定的思维方式，并贯穿学生终身。

3. 联系社会生活实际，创设有效问题情境

深入研究学科核心素养与学科知识内容之间的关系，借助主题情境展开探究活动，创设有助于学生自发地产生思维与沟通互动的活动内容及其情境。每个主题包含教学内容直接有关的真实事例、新颖的背景、直观的感受、引人入胜的情境，用浸入式的教学给学生提供"身临其境"般感受，以实现通过知识的运用来解决生活、生产实践中与生物有关的实际问题，促进学生核心素养的隐性生成，同时，又能反向加强学生对知识更深层次的理解。

4. 强化问题化学习，问题指向核心素养

学习始于思考，思考源于疑问。如何设计与教学内容相关指向核心素养的问题，创设能引导学生深入思考的氛围，是基于核心素养问题化学习的关键。本课程设计的探究性活动根据教学内容的特点、学生的心理特征和认知规律，以能激发学生学习兴趣的、能启发思维的、指向学科核心素养的原则设计问题。问题设计要紧密围绕教学目标，具有可及性、实践性、多样性、层次性和递进性等特点，设计的问题应具有显著的化学学科特征，能够帮助学生将所学知识与实际生活融会贯通，并能用所学知识来解决现实中的一些实际问题，以达到让学生掌握学科知识、锻炼的思维能力，提高创新意识和实践能力的目的。

5. 以核心问题为统领，突破传统观念束缚

核心问题是整个探究活动的核心，是学科思想、学科知识和学科能力的出发点，是实现学科育人价值的所在。因此，在确定探究活动目标时，要提炼能引领学生思考，并且探究价值高、迁移可能性较大的问题，来设计不同类型的教学活动，引导学生通过自主、合作、探究等学习方式，提升学习能力，主动建构知识。

（四）课程资源的选择

指向核心素养提升的初中化学课堂探究性实验实施策略必须以核心素养的各项内容为定向目标，进行有针对性的设计。探索提升学生核心素养的模式和策略，通过不断地教研、访谈和实践，分析整理出了相应的课程资源选择依据。

1. 将验证性实验改为探究性实验

鲁教版初中化学教材中的探究性实验数量有限，探究性实验对学生的发展具有很重要的作用。探究性实验教学不仅要促进学生的发展，也要与时俱进，课本上的探究性实验已经不能满足充分提升学生核心素养的目标。只有开展更多的探究性实验，才能适应学生的发展、进而让学生适应社会发展。根据最近发展区的理论分析，将教材中学生容易遗忘的验证实验，分解为由提出问题、猜想与假设、实验推理、分析结论、反思与拓展几部分构成的探究实验，符合学习者心理发展规律，利于教学的进一步开展。

2. 以探究性实验激发学生学习兴趣

化学课是八年级新设的一门课程，学生兴趣的培养显得尤为重要。学生对新的学习内容都具有初浅的兴趣，对刚接触的化学世界会产生自发的好奇心。教师要利用各种教学策略正确激发学生学习化学的兴趣，并使之成为长久动机，保持和增强在学习过程中浓厚的兴趣，学习的过程也就变成了一种快乐和享受，并最终发展成为学生不畏困难、坚持不懈、大胆尝试、积极寻求有效的问题解决方法的探索精神，从而具备适应终身发展和社会发展需要的必备品格和关键能力。

3. 把握最佳时机，设计探究性实验

建构主义强调在动态中获得知识，即学生容易获得情境之中的知识。教学过程中，我们经常遇到一些预料外的突发情况，可能是学生对重难点的难以理解，也可能是实验的异常情况的发生，以直接告知的方式，虽然能让教学进度继续下去，但有时我们会觉得勉强，学生也认识得不够深刻。如果根据教学进度及化学知识间的逻辑关系，抓住时机，以问题链的形式导学，开展探究性实验，不仅让学生心服口服，也能让探究性实验出现的及时而自然。

教学中，教学方法的多样选择组合，能帮助教学效率的提高。例如，当学生在实验过程中积累大量感性经验时，及时地规律讲述和习题练习，将会加快学生对知识的同化。

4. 创设情境，发现问题

根据初中化学的特点，以及现阶段的学生认知水平，探究活动中可以根据知识点的范围选择合适的情境。如下表4-1所示。

表4-1　学习情境选择依据

呈现方式		文字信息、简要流程、数据图表、多媒体信息
选择内容	生活实际 生活应用 国际形势	化学是有用的，通过生产、生活实际以及国家发展情况，激发学生学习兴趣，激起探究欲望，增强对祖国的自豪感，培养责任担当，促进社会参与意识。

续表

选择内容	化学史料	化学史是人类认识世界的过程，也与每个人的学习经历相似。通过化学史的学习不仅可以让学生了解探究的一般过程，也能培养学生严谨、求实的科学态度，敢于质疑的批判精神和不懈追求真理的优良品质。

5. 简化实验，提高探究实验效率

在设计探究活动时，尤其在新授课阶段，必须充分考虑教学有效性，设计微型探究实验，保证探究性实验的教学工作顺利进行。这不仅能突出教学重点，还能简化实验步骤，充分体现效益性。实验的设计尽可能采用简单的实验装置，用较简单的实验装置如点滴板、自制仪器、生活用品等，简化实验步骤、节约实验药品可以让整个实验过程耗时少。微型探究性实验，不仅使教学环节更紧凑、提高教学效率，还能减少实验准备时间、节约药品，达到理想效果。这既符合新课程标准提出的以学生为本，让学生积极参与到化学实验中的要求，也顺应了国家建设资源节约型、环境友好型低碳环保社会的环境政策。

（五）课程的评价

在新课标指导下，要科学全面地开展教学评价，就应坚持以下几点。

1）要坚持一致性。在新课标的要求下，将教材内容和教学目标努力保持一致，将教学目标和教学过程保持一致，将学生的需求和教师的能力保持一致，这样才能在一根主线上开展评价，才能科学评判教学活动是否真正符合新课标要求。

2）要坚持科学性。新课标本身是非常科学的、与时俱进的，是指导教学评价的核心标准，只有以这种教育观为指引，结合对初中化学教学任务的具体要求，按照学生的学习规律、教学的客观规律行事，才能科学研究出评价指标、评价过程、评价主客体在内的科学评价体系，这样才能让评价活动更具备科学性。

3）要坚持客观性。教学效果都是有一定客观标准的，这种标准绝不仅仅是学生的纸面考试成绩，也包括学生的学习态度、学习过程等因素，而这些因素都是应该能被客观测量出来的，可以说，如果测量不出来，只能说明评价的指标、体系存有问题，而不是不能测量。要注意的是，一定要避免过去唯成绩论的片面倾向，要从不同层面对这些教学的客观结果进行评价。

三、初中化学课堂探究主题实践性课程的实施

（一）课程纲要

1. 课程背景

随着近年来国际环境的影响以及初中化学课程和中考改革的推进，通过机械记忆，

刷题强化训练的方式已不能跟上最新的教学需求。在初中化学教育领域，提高学生核心素养的呼声越来越高。初中化学最新的教学改革方向就是提高学生的化学学科核心素养，而开展探究性实验教学就是落实化学学科核心素养的关键。经历科学探究的过程有利于学生身心的健康发展，有助于学生可持续学习能力的培养以及学生中考成绩的提高。彻底改善实验教学，特别是探究性实验教学的开展，是真正推进初中化学课程改革的催化剂。

本课程通过吸取国内外关于核心素养和化学探究性实验教学的案例经验，针对初中化学探究性实验教学的主要内容，立足课标和教材，结合教情和学情，整合教学资源，设计初中化学课堂探究性活动课程。让学生能带着饱满的热情参与到探究活动中，在提问、假设、实验、反思和总结的过程中逐渐提高学生的核心素养。

2. 课程目标

本课程是以提高学生的科学素养为主旨，激发学生的学习化学的兴趣，帮助学生了解科学探究的基本过程和方法，发展科学探究的能力。通过本课程的学习，学生主要在以下五个方面得到发展。

一是通过观察能辨识一定条件下物质的形态及变化的宏观现象，初步掌握物质及其变化的分类方法，能运用符号表征物质及其变化。能从物质的微观层面理解其组成、结构和性质的联系，形成"结构决定性质，性质决定用途"的观念。

二是认识物质是在不断运动的，物质的变化是有条件的。能从内因与外因，量变与质变等方面较全面的分析物质的化学变化，关注化学变化中的能量转化。

三是初步学会收集各种证据，对物质的性质及其变化提出可能的假设。基于证据进行分析推理。能解释证据与结论之间的关系，确定形成科学结论所需要的证据和寻找证据的途径。

四是能发现和提出有探究价值的化学问题，能依据探究目的设计并优化实验方案，完成实验操作，能对观察记录的实验信息进行加工并获得结论，能和同学交流实验探究的成果。

五是具有安全意识和严谨求实的科学态度。形成真理面前人人平等的意识。增强探究物质性质和变化的兴趣，关注与化学有关的社会热点问题，认识环境保护和资源合理开发的重要性，具有"绿色化学"观念和可持续发展意识。

3. 课程内容

探究性实验对学生核心素养的发展具有重要的作用，探究性实验教学不仅要促进学生的发展，也要与时俱进。鲁教版初中化学教材中的实验分为教师演示实验和学生分组实验，学生分组实验分为验证性实验和探究性实验。教材中探究性实验数量有限，不能完全满足"五·四学制"提升学生核心素养的目标。只有开展更多的探究性实验，才能适应学生的发展、进而让学生适应社会发展。项目组根据最近发展区的理论，将教材中学生容易遗忘的演示实验、验证实验，分解为由提出问题、猜想与假设、实验推理、分析结论、反思与拓展几部分构成的探究实验。另外还开发了一部分新的探究性实验，对教材实验内容进行了适当的补充和完善，能够让学生得到更好的独立探究相关化学知识的实验空间，这样的开发和实践符合学生心理发展规律，有利于培养学生的探究能力、创新精神、独立思考和应对问题的能力等，更好的落实了核心素养目标。我们按照《义务教育化学课程标准（2011版）》课程内容中的五个一级主题，开发了如下的课堂探究实验课程并应用于教学实践。

（1）体验科学探究

科学探究对学生发展核心素养具有不可替代的作用。通过科学探究可以激发学生学习化学的兴趣，增进对科学探究的理解，学习科学探究的基本方法，形成初步的科学探究能力。如"探究蜡烛燃烧的奥秘"的实验。学生通过对生活中熟悉的石蜡的固、液、气三种状态性质的探究，初步学习了提出问题、解决问题、活动反思等科学探究的一般方法，体验了化学科学探究的乐趣。"探究燃烧的条件"实验中，学生经过逐步的探索巩固了科学探究的基本技能，形成良好的科学探究思维习惯，提高科学探究解决问题的能力，使实事求是、独立思考、团结协作、开拓创新的精神内化。

（2）认识身边的化学物质

引导学生探究并认识身边的化学物质，提高学生的化学核心素养，是初中化学的重要内容。本主题的实验主要是引导学生观察和探究一些常见物质，从而增强学生学习化学的探究欲望，掌握物质的用途与性质之间的关系，形成科学的物质观和合理利用物质的意识，了解他们对生产和生活的影响，使学生能以化学的视角看待人与自然的关系，进而认识化学对社会进步的贡献。如"认识氧气的性质"实验，通过一系列的化学反应，培养了学生能科学的找到事物变化发展的原因与条件，进而理解控制变化进程和把握变化结果的方法，逐步建构科学的分析物质性质的思想。"水在直流电作用下的变化"实验可以帮助学生认识化学变化是有条件的观念，进一步理解化学变化需要一定的条件，并遵循一定规律的思想。

（3）探索物质构成的奥秘

对物质组成的微观研究和定量研究是化学研究物质的重要方法。本主题实验旨在让学生利用观察、想象、类比、模型等方法，通过宏观的实验现象，探究微观的物质世界。在探究和实践活动中，提高学生的想象能力、创新能力，帮助学生初步认识辩证唯物主义的一些观点。如"认识分子和原子的基本性质"实验中学生通过想象、类比、设计模型等一系列方法，分析产生宏观现象的微观本质。在这一过程中，学生的想象、创新、模型认知能力得到了锻炼。通过"比较盐酸与硫酸的化学性质"，培养了学生能从原子、分子水平分析化学变化的内因和变化的本质，增强了能依据物质的微观结构，描述或预测物质的性质和在一定条件下可能发生的化学变化的能力。

（4）物质的化学变化

化学变化是化学研究的重要内容，它对认识和确定物质的组成、结构等有着极其重要的作用。学生通过本主题的实验探究，初步了解研究化学变化的科学方法，认识化学变化的规律。通过具体、生动的化学变化现象，激发学生学习化学的兴趣，逐步树立物质的变化观念，落实化学核心素养的要求。如"盐酸能与哪些物质发生化学反应"实验。通过盐酸与多物质相互混合，根据所得的实验现象，学生自主探究、自我总结，总结盐酸与不同类物质发生反应的规律，进一步强化物质的变化观念。"水在直流电作用下的变化"中，学生从物质及其变化的现象中提取证据，对有关问题提出假设，并且证明反应产物。培养了他们重视观点、结论和证据三者逻辑关系的思想，知道可以通过分析、推理等方法认识研究物质的本质特征，最终提升了揭示现象的本质和规律能力的核心素养。

（5）化学与社会发展

化学科学的发展增进了人类对自然的认识，促进了社会的发展。通过本主题实验提高学生利用化学方法进行自我保护的意识，了解化学学科在帮助人类营养保健与战胜疾病方面的重要价值；培养学生的资源意识，树立保护环境、与自然和谐相处的意识以及可持续发展的意识。如"净化天然水"实验。学生在不断地尝试净水方法的过程中，逐步认识到水是人类宝贵的资源，我们平时要懂得保护环境、节约用水，与大自然和谐相处。借助"模拟酸雨对植物种子发芽率的影响"实验，认识了化学对农业生产的重要作用，增强了对社会和环境的相互作用关系的理解，强化化学应用必须先考虑化学对自然带来的各种影响意识。通过"测定食物中维生素C含量"实验，不仅强化了用科学知识和方法解决问题的意识，还提升了学生合理膳食、健康生活的思想。

初中化学课堂实验实践性课程内容见表4-2。

表4-2　初中化学课堂实验实践性课程内容

实验课程主题	实验课程内容
一、体验科学探究	探究蜡烛燃烧的奥秘
	测定空气中的氧气含量
	探究燃烧的条件
	探究促进燃烧的方法
	影响物质溶解性的因素
	测定溶液的pH
	粗盐提纯
	影响钢铁锈蚀的因素
二、认识身边的化学物质	认识氧气的性质
	认识二氧化碳的性质
	认识溶液的形成
	认识氢氧化钠与氢氧化钙
	认识金属的物理性质
	铵态氮肥的性质

实验课程主题	实验课程内容
三、探索物质构成的奥秘	认识分子和原子的基本性质
	比较盐酸与硫酸的化学性质
	比较氢氧化钠与氢氧化钙的化学性质
	酸碱指示剂在不同溶液中的变化
四、物质的化学变化	水在直流电作用下的变化
	验证质量守恒定律
	盐酸能与哪些物质发生化学反应
	金属与氧气的反应
	金属与酸的反应
	金属与盐溶液的反应
五、化学与社会发展	净化天然水
	检验食物中的淀粉
	测定食物中维生素C含量
	化学反应能否产生电能
	模拟酸雨对植物种子发芽率的影响
	蛋白质的变性

（二）课程实施

1. 组织教学

依托课堂化学授课组织实施本课程。

1）组织形式，利用学校组织的班级形式。

2）学习方式，采取小组合作的学习方式，每组一般由4人组成，学生自我推选组长，相互合作学习。

2. 课时结构

本课程遵循学生的认知发展规律，与鲁教版八、九年级教材相适应。

其中，八年级课堂探究活动共10课时，九年级课堂探究活动共15课时。每个课时均以"核心问题"为线索展开。

3. 课程指导

准备阶段：根据探究活动的目标，教师要充分结合学生经验，鼓励学生从已有的知识经验出发并及时捕捉活动中学生生成的问题，组织学生就问题展开讨论。通过合理的责任分工、方法选择，提高学生的核心素养。同时，引导学生对活动方案进行组内及组间讨论，吸纳合理化建议，不断优化完善方案。

实施阶段：教师要创设真实的情境，用多样化的探究模式促进学生积极参与探究活动过程，在探究活动中发现和解决问题，体验和感受学习与生活之间的联系。要加强对学生探究活动方式与方法的指导，帮助学生找到适合自己的探究学习方式。

总结阶段：教师要指导学生选择合适的结果呈现方式，鼓励多种形式的结果呈现与交流。对活动过程和活动结果进行系统梳理和总结，促进学生自我反思与表达、同伴交流与对话。并根据同伴及教师提出的反馈意见和建议查漏补缺，明确进一步的探究方向，深化主题探究和体验。

（三）课程评价

为了促进学生进行有效的探究活动，对于课堂探究性活动应当采取多元化的评价方式。

1. 评价原则

1）关注学生的核心素养达成度，强化评价的诊断与发展功能，将结果评价、过程评价相结合。

2）评价的设计应科学，评价实施应简捷易行，评价的标准应公平，评价的方式应当多样化。

3）评价应当重视正面评价，发展学生身上的闪光点，激励和保持学生的主动探究欲望。

2. 评价形式

（1）纸笔测验

纸笔测验能考查学生掌握知识的情况，操作方便。

（2）活动表现评价

学生活动表现评价见表4-3。

表4-3 活动表现评价量表

评价标准	评分
1. 能否根据问题设计简单的实验方案	
2. 能否对实验方案的可行性进行初步的论证	
3. 能否积极参加实验操作活动，并善于与他人合作	
4. 能否规范的称取，保持实验台的整洁	
5. 是否注意节约化学药品	
6. 能否客观、准确地观察和记录实验现象	
7. 对所获得的数据能否运用表格、线图等形式进行处理	
8. 能否规范的书写化学报告	
9. 能否主动、流畅的交流自己的实验成果	
10. 能否体验到实验探究活动的乐趣	

四、初中化学课堂探究主题实践性课程案例

依据《义务教育化学课程标准》设计和开展本课程，将教学设计中的教学内容的确定、教学情境的设置和教学活动的组织、学习过程的指导有机结合起来。精心预设问题，充分预见问题，遵循一定的逻辑思维规律，科学指导学生活动，促进学生在课堂上产生思维碰撞，在预设性问题中巩固知识、提升核心素养，在生成性问题中拓展思维、挖掘学生潜能。通过以下五个案例来说明教师在授课过程中，应当如何引导学生进行探究性学习。

案例一

体验科学探究
——探究蜡烛燃烧的奥秘

一、活动方案

探究蜡烛燃烧的奥秘活动方案见表4-4。

表4-4 探究蜡烛燃烧的奥秘

素养目标	1.通过实验知道科学探究是化学学习的重要方式和内容 2.设计实验探究影响蜡烛燃烧的因素 3.初步学习提出问题、解决问题、活动反思的方法 4.体验化学科学探究的乐趣
核心问题	这是第一次接触探究性实验，一个问题是如何提出的？又是如何解决的呢？如何在实验过程中观察并记录实验现象？
活动组织	学生安排： 4人一组 实验准备： 仪器：尖嘴玻璃管、坩埚钳、火柴、小刀、蒸发皿 药品：蜡烛若干

	实验探究			
活动内容	实验内容和方法	实验现象	问题或质疑	结论或解释
	1. 取一支蜡烛用小刀切下一小块固体石蜡，放在蒸发皿中，尝试用火柴点燃。			
	2. 另取一支蜡烛用火柴点燃，待蜡烛周围有较多液状石蜡产生时，熄灭蜡烛，立即用火柴尝试点燃蜡烛油。			
	3. 点燃一支蜡烛，用坩埚钳夹持一根尖嘴玻璃管，将其末端插入燃着的蜡烛烛芯附近，一段时间后用火柴在玻璃管尖嘴处点燃。			
反馈测试	1. 请你解释蜡烛燃烧的原理。 2. 在实验过程中观察现象时应注意什么？			

二、活动展示

1. 实验前

设置思考问题，引导学生思考该如何完成实验探究。

问题1：这是第一次接触探究性实验，一个问题是如何提出的？

问题2：该如何解决这些问题呢？

问题3：如何在实验过程中观察并记录实验现象？

2. 实验中

关注学生的实验操作细节，注重科学精神的培养。

实验步骤1：取一支蜡烛用小刀切下一小块固体石蜡，放在蒸发皿中，尝试用火柴点燃。

方法指导：引导学生从硬度、密度、熔沸点、可燃性的角度思考石蜡的性质，观察固态石蜡点燃时发生的变化情况，记录实验现象，并思考此步骤是否可以省略。

实验步骤2：另取一支蜡烛用火柴点燃，待蜡烛周围有较多液状石蜡产生时，熄灭蜡烛，立即用火柴尝试点燃蜡烛油。

方法指导：引导学生观察液态石蜡加热时的变化，并思考为什么要进行液态石蜡的点燃实验，省略此步骤是否可行。

实验步骤3：点燃一支蜡烛，用坩埚钳夹持一根尖嘴玻璃管，将其末端插入燃着的蜡烛烛芯附近，一段时间后用火柴在玻璃管尖嘴处点燃。

方法指导：引导学生观察并记录气态石蜡点燃时的变化情况，对比固、液、气三种状态的石蜡点燃情况，引导学生思考石蜡燃烧和哪些因素有关。

3. 实验后

引导学生通过小组合作，共同研究、分析实验结果，得出实验结论，合理的设计、填写实验报告单，并最终对实验进行反思和交流。让学生在实验中经历提出问题、解决问题、活动反思的步骤，进而让学生体验化学科学探究的乐趣。

三、活动反思

通过设计实验探究影响蜡烛燃烧的因素，学生能感受到科学探究是化学学习的重要方式和内容，同时能够解决生活中最常见的一些基本现象，感受化学的奇妙以及与生活的联系。在这一实验过程中，学生不仅初步学习提出问题、解决问题、活动反思的方法，也通过小组的分工合作，使他们的团队协作意识和方法得到了加强训练。通过对固、液、气三种状态的石蜡进行点燃的实验，让学生感受到了科学探究的严谨和细致。

案例二

认识身边的化学物质
——认识二氧化碳的性质

一、活动方案

认识二氧化碳的化学性质活动方案见表4-5。

表4-5　认识二氧化碳的性质

素养目标	1. 通过课堂演示实验，了解二氧化碳的物理性质。 2. 通过实验及实验分析，掌握二氧化碳的化学性质。 3. 学习通过实验认识物质性质的方法，提高实验探究能力。			
核心问题	通过实验分析，掌握二氧化碳的物理性质和化学性质有哪些？			
活动组织	学生安排： 4人一组 实验准备： 仪器：玻璃片、烧杯、集气瓶、锥形瓶、带长颈漏斗的双孔塞、玻璃管、小试管、蜡烛、火柴 药品：石灰石、盐酸、澄清石灰水、紫色石蕊试液			
活动内容	实验探究			
	实验内容和方法	实验现象	问题或质疑	结论或解释
	1. 制取并收集一瓶二氧化碳气体，将其倒入装有燃着的高低蜡烛的小烧杯中。			
	2. 将二氧化碳通入澄清石灰水中。			
	3. 将二氧化碳通入紫色石蕊试液中。			

反馈测试	1. 根据实验得出二氧化碳的物理性质有哪些？在实践生活中有哪些运用？ 2. 根据实验得出二氧化碳的化学性质有哪些？

二、活动展示

1. 实验前

设置思考问题，引导学生思考如何通过实验认识二氧化碳的性质。

问题1：二氧化碳的物理性质有哪些？你是通过哪些方法探究的？

问题2：可以设计哪些方法探究二氧化碳的物理性质？

问题3：根据以往知识推测二氧化碳的化学性质有哪些？

问题4：可以设计哪些方法探究二氧化碳的化学性质？

2. 实验中

关注学生的实验操作细节，注重科学精神的培养。

实验步骤1：制取并收集一瓶二氧化碳气体，将其倒入装有燃着的高、低蜡烛的小烧杯中。

方法指导：在制取和收集二氧化碳的环节，要引导学生发挥好小组合作学习的作用，积极地进行组内合作、组内纠错，注意实验的安全和细节问题。同时，在进行二氧化碳物理性质验证的环节，也可以让学生创新的设计其他可行的实验进行验证。

实验步骤2：将二氧化碳通入澄清石灰水中。

方法指导：引导学生观察和记录实验现象，并思考此实验是否能说明二氧化碳能与氢氧化钙发生反应，如果不能还应当补充什么实验来排除干扰，证明二氧化碳能与氢氧化钙发生反应。

实验步骤3：将二氧化碳通入紫色石蕊试液中。

方法指导：引导学生观察和记录实验现象，并思考此实验是否能说明二氧化碳能与石蕊发生作用从而使石蕊变红。如果不是还应当补充什么实验来进一步探究，从而得出将二氧化碳通入紫色石蕊试液后发生的反应是什么。

3. 实验后

引导学生通过小组合作，共同研究、分析实验结果，得出实验结论，合理的设计、填写实验报告单，并最终对实验进行反思和交流。让学生在实验中经历提出问题、解决问题、活动反思的步骤，进而提高学生思考问题和科学探究的能力。

三、活动反思

通过本次课堂探究性实验，了解了二氧化碳的物理性质，巩固了物理性质的探究方法，同时通过明显的现象观察和分析，掌握了二氧化碳的化学性质，了解了认识物质性质的方法。学生从理论层面更加系统地认识了探究物质性质的基本的方法，能初步掌握探究物质的基本思路，为以后研究物质的性质打下了良好的知识基础。同时通过小组的分工合作，使他们的团队协作意识和方法得到了进一步的提高，对化学实验素养的培养又更上了一层楼。

案例三

探究物质的构成奥秘

——认识分子和原子的基本性质

一、活动方案

认识分子和原子的基本性质活动方案见表4-6。

表4-6　认识分子和原子的基本性质

素养目标	1. 知道分子的特征。 2. 能用实验事实说明分子的基本性质。 3. 设计实验证明分子是运动的。 4. 设计实验证明分子间有间距。 5. 设计实验证温度对分子运动的影响。			
核心问题	之前的学习中认识到，物质世界是由微粒构成的。那构成物质的微粒除了质量和体积都很小以外，还具备哪些基本性质呢？			
活动组织	学生安排： 4人一组 实验准备： 仪器：2个25 mL量筒，3个小烧杯，药匙 药品：酒精、冷水、热水、品红			
活动内容	实验探究			
	实验内容和方法	实验现象	问题或质疑	结论或解释
	1. 取两只25 mL的量筒，分别注入10 mL的水和10 mL酒精，然后将二者在其中一支量筒中混合，静置后，观察现象。			
	2. 取一只小烧杯，注入半杯冷水，然后加入少量的品红，观察现象。			
	3. 取两只小烧杯，一只注入半杯热水，另一只中注入半杯冷水，然后分别加入少量颗粒大小相同的品红，观察现象。			
反馈测试	1. 请你举出你知道的可以从分子的角度解释的宏观现象。 2. 为使实验3的现象具有对比性，可采用控制变量的方法设计实验，你认为该实验的自变量、因变量分别是什么？需要控制的变量有哪些？			

二、活动展示

1. 实验前

设置思考问题,引导学生思考分子和原子的特征。

问题1:构成物质的微粒除了质量和体积都很小,还具备哪些基本性质呢?

问题2:从宏观角度看起来没有缝隙的10 mL水和10 mL酒精,混合后总体积是否应该等于20 mL呢?为什么混合后总体积会小于20 mL呢?

问题3:品红在水中是否会"运动"起来?

问题4:是什么原因促使品红的"运动"速率加快呢?

2. 实验中

关注学生的实验操作细节,注重科学精神的培养。例如,量筒和胶头滴管的使用方法;对照实验时,该如何控制变量。

实验步骤1:取两只25 mL的量筒,分别注入10 mL的水和10 mL酒精,然后将二者在其中一支量筒中混合,静置后,观察现象。

方法指导:规范学生的实验操作,使量取的液体体积和读数更加准确。同时引导学生猜想混合后总体积小于20 mL的原因。是否发生了化学变化?是否是相互渗透到对方的间隔中?还是由于水或者酒精的挥发导致这一现象的产生?并让学生根据自己的猜想进一步设计实验进行验证。

实验步骤2:取一只小烧杯,注入半杯冷水,然后加入少量品红,观察现象。

方法指导:引导学生从微观的角度猜想这一现象产生的原因,还可以根据学生掌握的情况,让学生进一步设计其他小实验验证分子是不断运动的。

实验步骤3:取两只小烧杯,一只注入半杯热水,另一只中注入半杯冷水,然后分别加入少量颗粒大小相同的品红,观察现象。

方法指导:引导学生从微观的角度猜想这一现象产生的原因,还可以根据学生掌握的情况,让学生进一步设计其他小实验验证分子的运动速率是与温度有关的。

3. 实验后

引导学生通过小组合作,共同研究、分析实验结果,得出实验结论,合理地设计、填写实验报告单,并最终对实验进行反思和交流。让学生在实验中经历提出问题、解决问题、活动反思的步骤,进而提高学生思考问题和科学探究的能力。

三、活动反思

通过本次课堂探究性实验,学生能掌握分子的基本性质,可以利用分子的基本性质来解释生活中一些常见的现象。实验过程中,在问题的引领下,学生通过小组分工合作的方式设计了三个探究分子性质的实验。在这一实验过程中,学生不仅掌握了宏观和微观相结合来思考物质的世界变化的方式,也通过小组的分工合作,使他们的团队协作意识和方法得到了进一步的提高。

案例四

物质的化学变化

——验证质量守恒定律

一、活动方案

验证质量守恒定律活动方案见表4-7。

表4-7　验证质量守恒定律

素养目标	1. 认识质量守恒定律。 2. 锻炼动手能力、观察能力以及分析解决问题的能力。 3. 认识定量研究对化学科学的重要性。 4. 培养实事求是的科学态度和合作精神。			
核心问题	如何通过实验验证质量守恒定律?			
活动组织	学生安排：4人一组 实验准备： 仪器：托盘天平、烧杯、小试管、砂纸 药品：硫酸铜溶液、铁钉、氢氧化钠溶液			
活动内容	实验探究			

实验内容和方法	实验现象	问题或质疑	结论或解释
1. 用砂纸打磨铁钉后放入一支试管中，在另一支试管中加入一半硫酸铜溶液。把两支试管放入烧杯中用天平称量总质量m_1；取下烧杯把盛有硫酸铜溶液的试管倒入放有铁钉的试管中，后记录天平示数m_2。			
2. 另取小试管，加入6 mL硫酸铜溶液，在另一支小试管中加入6 mL氢氧化钠溶液，把两支试管放入烧杯中用天平称量总质量m_3；取下烧杯把盛有硫酸铜溶液的试管倒入另一支试管中，稍后观察天平示数m_4。			
3. 比较m_1与m_2；m_3与m_4。			

反馈测试	1. 质量守恒定律的内容是什么? 2. 实验中为何要打磨铁钉?

二、活动展示

1. 实验前

设置思考问题，引导学生思考如何通过实验探究验证质量守恒定律。

问题1：化学反应的过程中物质种类一定发生改变，那么物质前后的质量会发生变化吗?

问题2：要验证质量守恒定律一定要用到的仪器是什么?

问题3：很多化学反应都有气体物质做反应物，涉及有气体参与的化学反应对装置有什么要求?

2. 实验中

关注学生的实验操作细节，注重科学精神的培养。

实验步骤1：用砂纸打磨铁钉后放入一支试管中，在另一支试管中加入一半硫酸铜溶液。把两支试管放入烧杯中用天平称量总质量m_1；取下烧杯把盛有硫酸铜溶液的试管倒入放有铁钉的试管中，稍后观察记录天平示数m_2。

方法指导：引导学生思考打磨铁丝的原因，并规范托盘天平的使用方法。

实验步骤2：另取小试管，加入6 mL硫酸铜溶液，在另一只小试管中加入6 mL氢氧化钠溶液，把两支试管放入烧杯中用天平称量总质量m_3；取下烧杯把盛有硫酸铜溶液的试管倒入另一支试管中，稍后观察记录天平示数m_4。

方法指导：规范托盘天平和量筒的使用方法。

实验步骤3：比较m_1与m_2；m_3与m_4。

方法指导：引导学生根据实验现象，从微观角度分析质量守恒定律的根本原因，进而得出质量守恒定律的实质。然后根据质量守恒定律的实质，进而引导学生思考，在验证质量守恒定律时，碳酸钙和稀盐酸的反应能否用敞开进行实验。

3. 实验后

引导学生通过小组合作，共同研究、分析实验结果，得出实验结论，合理的设计、填写实验报告单，并最终对实验进行反思和交流。让学生在实验中经历提出问题、解决问题、活动反思的步骤，进而提高学生思考问题和科学探究的能力。

三、活动反思

学生通过实验活动，直观地感受、认识了质量守恒定律。在这个过程中锻炼了动手能力、观察能力以及分析解决问题的能力，培养了实事求是的科学态度和合作精神，认识定量研究对化学科学的重要性。通过活动，培养了归纳和演绎等科学思维方法。同时在这个过程中了解了实验操作的精准程度的重要性，树立了严谨的科学态度，学会了从微观角度解释宏观现象，为利用宏观和微观相结合的方法认识物质打下了良好基础。同时，通过小组的分工合作，他们的团队协作意识得到了进一步的提高。

案例五

化学与社会发展

——净化天然水

一、活动方案

净化天然水活动方案见表4-8。

表4-8　净化天然水

素养目标	1. 了解天然水的净化过程。 2. 通过实验认识混合物的定义。 3. 练习基本实验操作。 4. 学习实验探究的方法。			
核心问题	水是人类生命的基石，如何对天然水进行基本人工净化呢？什么净化方法最有效？			
活动组织	学生安排： 4人一组 实验准备： 仪器：4个50 mL小烧杯，铁架台、玻璃棒、漏斗、滤纸、药匙 药品：天然水、明矾粉末			
活动内容	实验探究			
	实验内容和方法	实验现象	问题或质疑	结论或解释
	1. 取三个50 mL小烧杯A、B、C，各加入25 mL浑浊的天然水，A、B中各加入2药匙明矾粉末，搅拌后静置。			
	2. 准备过滤器，将B烧杯中的水进行过滤，装入洁净的D烧杯中。			
	3. 比较A、C、D烧杯中的水，观察它们的浑浊程度。			
反馈测试	1. 哪种净化水的方法效果更好？ 2. 为使第三步中的对比有科学性，应该如何控制变量？			

二、活动展示

1. 实验前

设置思考问题，引导学生思考生活中对黄泥水进行净化。

问题1：一杯黄泥水中都含有哪些杂质？这些杂质都有什么样的特征？

问题2：针对不同特征的杂质该如何去除？

问题3：这些净化方法的原理是什么？

2. 实验中

关注学生的实验操作细节，注重科学精神的培养。例如，过滤操作中的细节有哪些？这些细节若操作不当会造成哪些后果？

实验步骤1：取三个50 mL小烧杯A、B、C，各加入25 mL水，A、B中各加入2药匙明矾粉末，搅拌后静置。

方法指导：引导学生思考设置对照组的作用，并仔细观察实验现象，对比加明矾组和不加明矾组的水样。

实验步骤2：准备过滤器，将B烧杯中的水进行过滤，装入洁净的D烧杯中。

方法指导：规范过滤操作的各步骤，当学生滤液出现浑浊时，引导学生回顾实验流程，思考实验失败的具体原因，并进行改正。

实验步骤3：比较A、C、D烧杯中的水，观察它们的浑浊程度。

方法指导：引导学生根据实验现象的对比，思考不同的净水方法的作用以及原理，让学生思考在生活中可以怎样设计自制净水器，对生活污水进行处理。

3. 实验后

引导学生通过小组合作，共同研究、分析实验结果，得出实验结论，合理的设计、填写实验报告单，并最终对实验进行反思和交流，总结出分离混合物的方法都有哪些。让学生在实验中经历提出问题、解决问题、活动反思的步骤，进而提高学生思考问题和科学探究的能力。

三、活动反思

通过本次课堂探究性实验，学生更加直观地认识了混合物的分离方法。同时掌握了过滤实验的基本操作。理解了生活中净水器的工作原理，感受化学与生活的充分联系。在问题的引领下，学生通过小组分工合作的方式完成了天然水的人工净化。在这一实验过程中，学生不仅掌握了实验操作方法，也通过小组的分工合作，使他们的团队协作意识得到了进一步的提高。

第五章
初中化学课外实验主题实践性课程

一、概论

（一）初中化学课外实验主题实践性课程设计背景

教育应以促进人的全面发展为宗旨，要为人的终身发展打好基础。化学实验教学应努力提倡从生活走进化学，从化学走向社会；应着力培养学生的学习能力、合作意识和创新精神。新课程提出化学教学应"以提高学生的科学素养为主旨"，其基本理念是"通过以科学实验为主的多种探究活动，使学生体验科学研究的过程，激发学生学习科学的兴趣，强化科学探究的意识，促进学习方式的转变，培养学生的创新精神和实践能力"，促进学生主动参与、乐于探究、勇于实验、勤于思考。《化学课程标准》在实施建议、课程资源的利用与开发等方面特别强化了安全意识、环保意识，提倡实验低成本、生活化、绿色化。

随着新课程的开展，化学教材的内容与生产生活联系得越来越密切，增设了很多趣味性的课外实验。由于受传统教学思想和方法的束缚，这些课外实验并没有引起教师、学生及家长的重视，许多课外实验形同虚设，没有起到应有的作用。特别是某些中学的实验资源有限、实验条件比较艰苦，对于这些安排在课外的化学实验根本没有得到应有的重视和规范。课外实验集科学性、探索性、创新性和趣味性于一体，是化学教学的有效延伸。课外实验对学生而言，时间充足，可以反复实验，反复观察，可以培养学生的创新精神和创新能力，最大程度上发挥学生的主体地位。课外实验不同于实验室内实验，没有现成的、配套的仪器设备，没有教师亲临指导，学生需要自己设计实验步骤，寻找合适的材料代替仪器和药品，观察未知的实验现象，撰写小论文并相互分享。学生是自我学习的设计者和实践者，在整个过程中，这种极富个性的体验性的学习方式让学生充分感受到科学发现的奥妙，将所学的理论内化为具有生命意义的个体知识，最终指向科学精神、学会学习、实践创新、健康生活、责任担当、人文底蕴等学生核心素养的形成和发展。

（二）初中化学课外实验活动实践性学习的现状

1. 国外现状

近十几年来，核心素养的教育与测评日益引起全球的关注，甚至成为许多国家或地区制定教育政策、开展教育改革的基础。面对日新月异的社会与经济变革，全球许多国家都非常重视学生核心素养的培养，并且对于核心素养内容的诠释也与我国的观点相似，如美国21世纪技能合作组织将其称为"21世纪技能"，经济合作与发展组织将其称为"关键素养"。

近年来，国外中学化学教学中，教师都注重基于核心素养的教学，以学生为中心，培养学生的兴趣、个性和动手能力，并且出现了大量以培养学生探究能力为目标的课外实验。1985年美国教育部发起"2061计划"，启动面向21世纪、致力于科学知识普及的中小学课程改革工程。在此形势下，学校积极开展丰富多彩的课外实验教学和家庭小实验等。在科学教材《Properties of Matter》之中，初中化学教育是以提高学生的核心素养为目标，采用科学探究的教学策略，设计更有利于学生发展的教学内容。1991年，英国发起"课余俱乐部运动"，1992年开设"设计构想"课，引导探究性学习，课外化学实验教学也得到进一步发展。有关统计资料显示：日本至少有三分之一的时间用于实验教学；英国、美国规定实验教学必须占课时总数的二分之一；德国中学的实验教学占课时总数的70%；英国、法国初中化学实验达到296个。

2. 国内现状

我国初中学生的实验课时和实验数量远远落后于发达国家。在当前的教育形势下，大幅增加校内课时和实验数量是不现实的，采用多种形式的课外实验可以有效地弥补初中化学实验教学在课时和实验数量上的缺陷。目前，随着新课程改革的不断推进，教师们也逐渐认识到化学课外实验的重要性，相关的课外实验的研究也越来越多。

（三）初中化学课外实验主题实践性课程的内涵与目标

1. 课程的内涵

化学课外实验：化学作为一门以实验为基础的科学，化学实验是化学研究的基础，化学实验教学是指建立在化学实验的基础上进行化学操作、原理、结论的知识传授。初中生是第一次学习化学知识，对于化学观念以及实验规范的认识在这一阶段开始建立与形成，而化学知识的建构大多是建立在化学实验的基础上，所以化学实验教学在初中阶段的教学方式非常重要。初中化学教师借助课外时间，利用好化学课外实验活动，既可以极大地激发学生的学习兴趣，又能够提高学生的核心素养。

化学课外活动是在课余时间，在自愿参加的原则下，学校对学生进行的化学教育活动。可以扩大和加深学生的化学知识，训练他们的化学技能，培养他们钻研科学技术的精神，激发他们学习化学的积极性和创造才能。组织形式有化学活动小组、化学课外阅读、化学电影或录像、化学讲座、化学故事会、化学史介绍、专题报告、化学竞赛、撰写化学小论文、化学晚会、化学展览会、化学墙报、参观访问等。

化学活动小组可按年级组织，也可以按活动内容跨年级组织，可以为完成某项活动而临时组织，也可以是学期或学年的长期组织。活动内容可以是化学实验操作、化学计算技能的训练、实验设计、化学教具模型制作，也可以是与生活、生产密切联系的选题（如环境化学，制造生活用品的小型化工生产，化学与医药、卫生、保健，废物回收，小发明创造等）。活动要纳入学校计划之内，力求做到定成员、定内容、定辅导教师、定活动时间和地点，注意培养骨干，保证活动安全。

2. 课程设计的目标

通过化学实践性学习课程的开发与实践，让学生核心素养的落实在初中化学学科教学中有可操作的载体和内容，使学生具备适应终身发展和社会发展需要的必备品格和关键能力，实现学科的育人价值。

3. 课程解决的问题

目前中学化学实验仍然是以教师演示实验和学生技能训练型课堂实验为主要形式。由于受课堂时间、空间和器材的限制，学生无法对实验原理、实验现象等进行深入思考，在培养学生核心素养方面有一定的局限性。化学课外实验是学生利用充足的课外时间，配合课堂中所学知识进行自主设计，用一些简单易得的器材独立完成的一种实验。借助化学课外实验，不但可以拓展化学实验的空间，让学生积极主动地获取化学知识，认识和解决化学问题，而且对培养学生独立探究的意识和创新能力也有着独特的作用。课外实验是化学实验改革的重要层面，是促进化学学习的重要手段，是培养化学兴趣的重要举措。因此，在初中化学教学中，教师可以结合学生实际，积极引导学生进行化学课外实验探究，让学生在探究的过程中逐步树立起自主、参与、合作、体验的意识，提高学生的核心素养。

（四）初中化学课外实验主题实践性课程的现实意义与实践价值

1. 现实意义

《中国学生发展核心素养》有关文件的颁布，标志着我国正在进入以"核心素养"发展为本的基础教育改革阶段。但是有些核心素养要素在传统的课堂教学中很难培养或被忽略，应如何改革才有利于提高实验教学的效率，有利于学生核心素养的提高？研究者认为在正常的实验教学之外，在课外开展家庭实验，可以有效地弥补实验教学课时短缺的问题，能够为当前的化学实验教学改革提供新的教学手段，也为教师提供了落实核心素养的新途径。

2. 实践价值

培养学生核心素养的关键是促进学生个人全面而有个性的自主发展，自主发展居于核心素养的核心地位。在教育改革初见雏形的教学中，教师普遍能够重视演示实验和分组实验，这在一定程度上锻炼了学生的探究能力和实验基本操作能力，但由于课堂时间比较紧张，一些接受知识慢的学生跟不上教师的节奏，实验在教学中的作用对他们而言就大打折扣；还有一些实验是教师设计好实验步骤，将仪器和药品准备好，学生需要做的只是照方抓药，这样锻炼学生的只是比较单一的动手能力，而学生对实验步骤的设计、实验的原理和方法等知其然而不知所以然，一些学习能力差的同学可能会把实验作为一种负担。而作为化学教学的有效延伸，课外实验在时间上对学生而言是足够的，在培养学生创新精神和创新能力方面也有着不可替代的作用，能够最大程度上发挥学生的主体地位。

二、初中化学课外实验主题实践性课程的开发

（一）课程架构

1. 架构的基本思路

化学是一门以实验为基础的自然科学。化学教学中，实验教学始终占据着一个很重要的位置。化学实验教学应努力提倡从生活走进化学，从化学走向社会；应着力培养学生的学习能力、合作意识和探索、创新精神。课外化学实验是最接近生活实际和社会实践的，既能满足学生的学习兴趣，又有利于培养学生的动手能力、探究能力、分析能力、创新思维能力和创新意识。课外化学实验活动是课外教学的延伸，也是初中化学知识的运用和巩固。让学生在化学课外实验中体会到化学的"神奇"，激发学生的求知欲望，这样不但可以转变学生的学习态度，而且可以培养学生实验探究能力和创新思维能力，不断提升学生的化学学科核心素养。基于以上认识，我们构建了初中化学课外实验实践性课程素养框架体系。

2. 课程的素养框架

通过对中国学生发展核心素养和化学学科核心素养的解读，构建起初中化学课外实验实践性课程素养框架。

（二）课程目标的设定

《中国学生发展核心素养》的颁布，标志着我国正在进入以"核心素养"发展为本的基础教育改革阶段。在正常的实验教学之外，开展课外家庭实验，可以有效地弥补实验教学和课时短缺的矛盾，为当前化学实验教学改革提供了新的教学手段。

1）通过课外实验活动的开展，总结出科学的实验方法，对传统实验进行改进，自制教具，以达到动脑动手，提高学生科学精神的目的。

2）通过课外实验活动的开展，整合所学化学知识，培养学生研究性学习的良好习惯。

3）通过课外实验活动的开展，开发整合、创新系列演示实验、探究性实验、趣味性实验，并密切联系生活，完成实验教学生活化的研究，使教学形式丰富、实验多元化。

4）通过课外实验活动的开展，能使学生明白化学就在身边，化学实验与现实生活联系紧密，从而培养学生的创新意识和创新能力。

为了解学生的化学学科素养现状，特设计一份调查问卷，对实验区不同学校一个年级学生进行问卷调查，目的是通过开展为期一年的课外实验活动，关注学生一年后的核心素养变化，"以核心素养为导向"，最终实现学生主动学习，全面提升综合素质。

本问卷是针对初中化学实验教学中核心素养的落实情况进行调查。

1）调查问卷的信度。克隆巴赫α信度分析是对本问卷的一个检查，通常来说信度为0～1，信度系数达到0.5以上就是一份合格的调查问卷，而此系数越高则调查问卷的可信度越高。通过SPSS（22.0）对《指向核心素养的初中化学课外实验教学研究》的调查问卷进行信度分析，其结果如下表5-1所示：克隆巴赫 Alpha值为0.870，基于标准化项的克隆巴赫 Alpha值为0.870，两个数值都接近0.9，说明以上数据具有一致性，也证明本调查可信度高。

表5-1　信度统计分析

克隆巴赫 Alpha	基于标准化项的克隆巴赫 Alpha	项数
0.870	0.870	23

2）调查问卷的效度。对《指向核心素养的初中化学课外实验教学研究》的调查问卷结果进行了KOM检验和Bartlett球形检验。一般来说，当一个调查问卷的KMO检验系数>0.5，Bartlett球形检验中显著性概率$P<0.05$时，问卷才有结构效度，才能进行因子分析。通过SPSS（22.0）对《指向核心素养的初中化学课外实验教学研究》调查问卷进行效度分析，其结果如下表5-2所示：KMO检验数值为0.850，接近0.9说明作为因子分析的适应性较好。Bartlett球形检验中显著性为0.000，证明以上数据很适宜做继续的分析。

表5-2　KOM检验和Bartlett球形检验

KOM取样适切性量数		0.850
	近似卡方	962.732
	自由度	253
	显著性Sig	0.000

3）调查对象：烟台十三中、烟台七中、烟台五中、祥和中学2016级共400名学生和10名化学教师。

4）调查方法：本次调查采用问卷法，问卷是根据"核心素养"的内涵和烟台市初中化学教育的实际情况而设计的。

5）调查内容：本次调查内容主要是针对烟台市初中化学"核心素养"的落实状况、教师对"核心素养"内涵的理解及运用方式或手段。

6）调查时间：2019.9—2019.12

7）问卷收回情况：学生问卷一共发出400份，收回400份。回收率100%。教师问卷发出10份，收回10份。回收率100%。

8）问卷结果：

学生问卷调查结果

亲爱的同学们：

你好！很感谢你愿意参加这次问卷调查，本次调查只是想了解学生化学实验活动的真实情况，从而有助于提高学生化学实验活动的改善。调查采用不记名的方式，请不要有任何顾虑，选择你心中真实的选项，非常感谢你的参与！

填表人所在班级： 年级： 填表时间： 年 月 日

1. 化学实验操作过程中，对于自己的实验操作流程感觉怎么样？（ ）

选项	人数	百分比 (%)
A. 非常熟练	56	14.0
B. 比较熟练	132	33.0
C. 一般熟练	202	50.5
D. 不熟练	10	2.5

2. 在化学实验过程中，对于用已有知识不能分析的现象，你打算如何处理？（ ）

选项	人数	百分比 （%）
A. 查阅资料	98	24.5
B. 咨询他人（教师、同学、家长）	228	57.0
C. 自己猜测原因	67	16.75
D. 不予理会	7	1.75

3. 在做化学实验的过程中，教师有没有介绍实验的背景？（ ）

选项	人数	百分比 (%)
A. 经常介绍实验背景	66	16.5
B. 偶尔介绍实验背景	98	24.5
C. 从不介绍实验背景	42	10.5
D. 没有注意，不清楚	194	48.5

4. 实验完成后，当实验现象与自己所想（或与自己查阅资料不符）时，你是如何处理的？（　　）

选项	人数	百分比(%)
A. 认为自己是正确的	31	10.33
B. 再次进行实验	95	31.67
C. 咨询他人（教师、同学）	153	51.0
D. 不予理会	21	7

5. 小组合作实验时，你的表现是什么？（　　）

选项	人数	百分比 (%)
A. 充分准备，对于整体实验做到了然于心	65	16.25
B. 只对自己负责的内容进行了准备	261	65.25
C. 简单做准备，小组其他人会帮助我的	69	17.25
D. 完全不准备，只看别人做就可以了	5	1.25

6. 完成化学实验，离开化学实验室之前，你的做法是什么？（　　）

选项	人数	百分比（%）
A. 迅速回教室，准备下一节课	189	47.25
B. 将实验台整理整洁之后再离开	111	27.75
C. 检查实验台的水电是否已关闭再离开	92	23.0
D. 将自己的东西带好后离开	8	2.0

7. 在小组合作讨论实验过程中产生的问题时，你的做法是什么？（　　）

选项	人数	百分比（%）
A. 我会对大家认为理所当然的现象提出自己的疑问	69	17.25
B. 认为小组同学的说法都很有道理，表示赞成	278	69.5
C. 聆听小组其他同学的发言，自己不用表明自己的观点	35	8.75
D. 从来不参与讨论	18	4.5

8. 在做化学实验时遇到了失败，你的做法是什么？（　　　　）

选项	人数	百分比（%）
A. 反复实验找到原因	55	13.75
B. 查阅资料	139	34.75
C. 询问他人	203	50.75
D. 不予理会	3	0.75

9. 如果你发现某个实验的成功率不高，你的做法是什么？（　　　　）

选项	人数	百分比（%）
A. 想办法改进此实验以达到较好的效果	43	10.75
B. 总结成功率不高的原因避免再失败	259	64.75
C. 尽量多做几次直到成功	72	18.0
D. 避免做这个实验	26	6.5

10. 你的教师会从哪些方面评价实验完成的情况？（　　　　）

选项	人数	百分比（%）
A. 从设计实验的思路上评价	76	19.0
B. 从实验操作的规范上评价	226	56.5
C. 有详细的评价方案，每次实验后都有评价记录	67	16.75
D. 基本没有评价	31	7.75

11. 你会主动将化学实验中的原理应用在平时生活中吗？（　　　　）

选项	人数	百分比（%）
A. 经常对应	67	16.75
B. 没有想过	157	39.25
C. 偶尔有过	122	30.50
D. 从来没有	54	13.50

12. 在进入实验室前你会主动阅读实验室安全守则吗？（　　　）

选项	人数	百分比（%）
A. 会	56	14.00
B. 从来没有想过	256	64.00
C. 不会	88	22.00
D. 从来没有	54	13.50

13. 你对化学课外实验活动有什么建议？

_____

9）调查分析：从上述问卷的结果分析不难看出，大多数学生学习化学，尤其是对课外实验的热情较高，学生通过一段时间的课外实验，大部分能够自觉主动地完成课外实验活动，并且在这个过程中，能认真观察，实事求是地记录，对不理解或者有困惑的地方能主动寻求教师、同学的帮助，核心素养有了显著的提高。但仍旧有部分同学思想重视程度不够，针对这些问题，要采取适当的教学策略，做到有的放矢，层层递进，有效解决问题。从化学学科本质出发，对照学生发展核心素养框架体系的要求，明确化学课外实验对学生发展核心素养的贡献。

（三）课程内容的确定

依据课外实验安排的时间，分为课堂前置型课外实验、课后改进型课外实验以及假期创新型课外实验三类，每个时间安排的课外实验所培养学生的核心素养的具体侧重点不同。

1. 课堂前置型课外实验

激发兴趣，自主探究。课前布置家庭趣味小实验，通过丰富、有趣的实验现象激发学生的学习欲望，为课堂高效学习做准备，培养学生不断探究的科学精神。

创设情境，启迪思维。针对某些课内实验的原理、装置、操作方法等布置课前探究实验，对照比较引发思考，培养学生实践和创新的能力。

学前调查，走进生活。化学源于生活又服务于生活，课前布置生产生活中热点问题的相关实验，培养学生健康意识和社会责任感。

2. 课后改进型课外实验

实践创新，不畏权威。布置拓展型作业时倾向于布置与每章内容相近的课外实验，从课堂所学的传统实验中找到弊端，研究改进实验，提高学生的创新实践能力。

集思广益，个性发展。通过实验小组成员的通力合作，自制实验仪器以及实验装置，利用生活中廉价易得的用品替代实验仪器，进一步培养学生实践创新的能力。

绿色化学，人人有责。鼓励学生设计微型实验来减少废液的排放从而减少环境的污染，从关心环境方面培养学生责任担当的核心素养。

3. 假期创新型课外实验

电子档案，见证成长。建立评价档案袋，收集学生假期所做的课外实验成果或材料，实现学生的自主发展，利用科学的方法评价学生，作为研究课外实验的实施前后对学生学习兴趣、学习能力及学习成绩进行效果分析的依据，以期为中学化学教师在进行类似的研究时，有一定的参考数据可查询，从自主发展方面培养学生的核心素养。

小组合作，互助共赢。对于假期所做的耗时长、独立完成困难大需要分工合作的创新实验，成立课外实验兴趣小组，由学生自愿结合形成，每组可由2~6名学生组成，分工明确，设立组长、记录员、操作员等职务，从自主合作方面培养学生学会学习的核心素养。

家庭参与，社会担当。根据建构主义理论，着眼于生活常识、社会热点问题等有助于学生终身发展的问题，设计出适合新课程理念的课外实验内容以供学生选择，如当地河水的污染情况调查、废旧电池的重新利用、自制污水处理器、食品中添加剂的调查等，从责任担当、健康生活方面培养学生的核心素养。

（四）课程资源的选择

一方面，让学生通过互联网搜集、整理相关信息活动，形成具有特性的信息资源；另一方面，充分发挥教师开发课程的潜在意识的能力，注重搜集和整理教学中的优秀课例，形成具有个性化的教学案例资源。

（1）文献研究：学习《中国学生发展核心素养》文件以及建构主义学习理论，教育教学理论书籍，查阅相关的资料，了解本论文研究的主要内容。研究国内外学者、一线化学教师对课外实验的论述，对课外实验进行概念的界定，对课外实验的分类和特征进行总结和概括。

（2）行动研究：有计划地进行各种教育教学活动、科研活动，边执行、边评价、边修改、边反思，在反思中总结提升。

（3）案例研究：进行案例展示与分析，采取多角度的解读，使教学实践不断地重建，提升本人的专业水平。

（4）调查问卷法：利用调查问卷的形式，探究课外实验的实效。

（5）经验总结：课题组在前期工作、实践的基础上进行分析、总结和反思，形成成果。

（6）实验法：科学地选择研究对象，选取不同的班级进行对比实验研究，依据多种评价方式上数据的差异，从而得出科学的结论，为今后的研究提供指导意义。

（五）课程的评价

1. 坚持正向评价

发现学生的闪光点及潜在的能力，激励和维持学生的积极性、主动性和创造性。

2. 重视实践活动体验

重视学生在过程中的实践和参与、体验情况，让学生在学习活动过程中通过自评、互评来改进学习，提高能力，强化素质。

3. 采取多元形式

评价的方式多样化，评价的主体多元化；评价结果能为学生的学习提供大量的反馈信息，增强学习自信心、成就感和学习主动性。

三、 初中化学课外实验主题实践性课程的实施

（一）课程纲要

课程名称：指向核心素养的初中化学课外实验实践性课程。

适用对象：初三、初四学生。

教学时限：14课时。

1. 课程背景

本课程属于《指向核心素养的初中化学实践性学习活动课程的开发与实施研究》（山东省教育科学"十三五"规划2016-2017年度课题：YC2017130）的子课题的开发与实践。基于总课题的研究目标和研究内容及初中化学教学的实际情况，我们通过化学课外实验活动的开发与实践，以义务教育化学课程标准、教科书上的内容为依据，以培养学生核心素养为目标，通过家庭小实验、课外兴趣小组活动的形式，开展课外实验探究活动，把学生的实验探究活动从狭窄的教材实验扩展到生活、生产中，培养和发展学生的科学探究精神与创新意识，形成典型活动案例。让学生核心素养在课外实验活动中落实，为学校以及一线教师提供可参照可操作的案例范本，使学生在完成课外化学实验的过程中具备适应终身发展和社会发展需要的必备品格和关键能力，实现学科的育人价值。

2. 课程目标

初中化学学科"核心素养"的培养应主要立足于学生在化学学习中所需要的各种能力和态度，也可以扩展到其他自然学科的学习当中。在当今社会发展中，化学是促进科技创新和进步的重要学科。化学学科对学生的学业成就和个人发展具有重要作用，化学引领的科技进步代表着国家和民族第一生产力的水平。科技进步和公民素养是衡量一个国家的国际地位和民族繁荣发展的两个重要因素。在化学学科中推行"核心素养"教学改革，将有力地提高学生的各种能力和素质，无论学生今后是否从事化学行业。

（1）基于化学课程标准的要求，将所学的理论内化为具有生命意义的个体知识

《化学课程标准》指出，化学课程改革的重点是培养和提高学生"核心素养"，其关键是促进学生全面、有个性的自主发展，自主发展居于"核心素养"的核心地位。在教

育改革的初期，教师普遍能够重视演示实验和分组实验，在一定程度上锻炼了学生的探究能力和实验基本操作能力。

（2）基于提高学生核心素养的要求，培养学生发现问题、实验技能等的科学素养和科学思维

化学课外实验活动在初中化学"核心素养"教学改革中，具有以下四点功能。

第一，进行课外探究实验是发现问题、引发兴趣的重要手段。"兴趣是最好的教师。"要想学好化学，首先要对化学产生浓厚的学习兴趣。有趣的课外实验能够唤起学生获得知识的愿望，激发学习化学的兴趣。而激发学生求知欲的最好手段就是引导学生发现问题，提出问题，并通过学习新知识和实验去观察和解决问题。培养学生多问"为什么"，是"核心素养"背景下教师首先重视的问题。

第二，化学作为一门自然科学，不是纸上谈兵、闭门造车，而是在实验的探索中不断地发现问题和解决问题的。随着素质教育在我国的不断推行，以及"核心素养"的教学改革，学生学习新知识的途径将会越来越多元化，固守陈规、故步自封注定被时代淘汰。开放式教学将成为教学改革中重要的教学手段，而化学课外实验，就是开放式教学最好的途径之一。教师可以通过设计不同类型的课外实验为学生提供更为开放的学习环境，培养学生的科学素养和探索性思维，使学生获得适合个人和社会发展的能力和知识。

第三，化学课外实验是培养学生实验技能的重要途径。"核心素养"教育要求学生具备更为全面和适应社会发展的技能和知识，实验技能是其中重要的技能之一。实验技能包括实验设计、实验操作、观察实验现象、记录和分析实验结果、实验数据的处理、根据实验结果发现和解决问题等能力。这些实验技能不是一蹴而就的，而需要教师循序渐进地带领学生逐步提高。初中阶段是学生接触科学实验的初始阶段，是培养学生实验能力和素养、养成良好实验习惯的重要阶段，教师一定要倍加重视。

第四，化学课外实验是培养学生科学素养和科学思维的重要手段。学生通过观察实验现象，分析实验问题可以形成探索科学的意识，在实验过程中还可以培养学生实事求是的科学精神和团队合作、求实创新、尊重科学等科学素养，树立良好的科学理念。

（3）基于社会发展的需要，激发学生在实验探究过程中的主观能动性

随着计算机和互联网技术的飞速发展，中小学教学仪器和应用系统日新月异，网购家用实验仪器、社会实验培训机构等课外实验活动越来越多，学生们也迫切需要更有意义的课外实验设计。在这种发展趋势下，教师应进一步详细研究如何设计课外探究实验和创新实验，充分发挥教学实验仪器的作用，让学生能更好地通过课外实验活动理解和掌握化学知识。由此，这一研究过程需要教师去改进实验步骤和创新实验程序，系统性完善探究实验的设计、准备、操作、结果及评价等关键环节和流程，在增强探究实验乐趣的同时，也要激发学生在实验探究过程中的主观能动性。

3. 课程内容

初中化学课外实验实践性课程内容见表5-3。

表5-3 初中化学课外实验实践性课程内容

实验名称	实验主题	实验内容
一、兴趣型实验	（一）趣味实验	1. 借水之手分开聚集在一起的分子
		2. 发光的水果电池
		3. 分子的运动实验
		4. 烧不坏的手帕
	（二）探究实验	5. 空杯生牛奶
		6. 消失的密码
		7. 铁树开花
	（三）生活实验	8. 比较白菜和果汁饮料里的维生素C
		9. 化肥对植物生长的作用
		10. 测定污水的pH值，设计防止污染的方法
		11. 钙片成分的分析
		12. 铁生锈的处理与预防
二、改进型实验	（四）实验原理改进	13. 空气成分测定实验
		14. 呼入与呼出气体的研究
		15. 燃烧的条件探究
	（五）实验装置改进	16. 氧气的制取与性质实验
		17. 二氧化碳的制取与性质实验
		18. 浓硫酸的稀释
	（六）实验方法改进	19. 探究溶液的性质
		20. 酸碱中和滴定实验
		21. 催化剂活性的探究
三、创新型实验	（七）创新实验设计	22. 氧气的性质实验创新
		23. 二氧化碳的性质实验创新
		24. 水电解实验的创新
	（八）创新教具设计	25. 气体的制备与性质一体化创新实验装置
		26. 比较金属活动性微型实验装置
		27. 自制净水器

续表

实验名称	实验主题	实验内容
三、创新型实验	（九）社会热点调查	28. 当地河水的污染情况调查
		29. 废旧电池的重新利用
		30. 自制污水处理器
		31. 食品中添加剂的调查
		32. 探究VC泡腾片的秘密
		33. 吸烟对人体危害的探究

（二）课程实施

1. 实施策略

（1）领导保障

加强组织领导，加强对本活动的指导，通过主题式学习活动变革学生的学习方式，探索初中化学学习的模式创新，使学生掌握化学知识的同时提高学生的学科素养。

（2）师资保障

教师已经具备新的教学观念，具备学科素养，专业知识深厚，善于钻研，课堂教学有丰富的经验。开发主题学习活动的策划和指导能力较强，开展方案设计、活动实施和材料整理的能力较高。

（3）评价激励

师生要注重对本活动开展的反思与评价，将本活动的学生表现纳入学生综合素质评价体系，增强学生主动学习的动力。

2. 课时结构

每个课时均以课外化学实验展开活动与展示。

3. 教学要求

本课程主要采用教师设计主题活动，组织学生自主学习，并配合讨论法和课外读书指导法。以主题学习为引领，每个活动都采取小组学习方式。每组一般由3～5人组成，学生自己推选组长，学会互助合作学习。教师要结合学生的经验，借助丰富的网络资源，充分运用多媒体技术来辅助教学，引导学生有趣学习。

1）教师认真备课，有计划，有步骤地进行教学。

2）教师应保存学生的作品、资料及在活动中取得的成绩资料等。

3）教师要认真及时总结反思等。

4）每学期至少要举行一次研讨活动，展示优秀教师的成功经验，解决存在的问题，及时总结课程的实施情况。

（三）展示评价

主要采取多元激励性评价，能提供给学生充分展示的机会，过程评价与结果评价并重视激发学生的兴趣和参与意识，使学生对本课程学习始终保有愉悦的情感体验。

1.纸笔测验

设计纸笔测验的试题，要依据"学习活动课程要求"把握学习要求。考核的重点要以化学实验涉及的基础知识的理解和应用为主，不要放在知识点的简单记忆和重现上，注意联系生产、生活实际，取用鲜活的情景，体现实践性和探究性。

2.过程性评价

主题活动学习评价表见表5-4。

表5-4　主题活动学习评价表

评价对象：	评价人：		评价时间：		
评价指标	评价要素	优秀或者合格			
		组		组	
		自评	组内互评	组间互评	教师评
人文底蕴	能理解掌握人文思想				
	能关切人的生存发展				
	能发现欣赏和评价美				
科学精神	能尊重实验事实和证据				
	具有问题意识，不畏惧权威				
	积极寻求有效的问题解决方法				
健康生活	具有安全意识与自我保护能力				
	具有抗挫折能力				
	能合理分配和使用时间				
责任担当	具有团队和规则意识				
	了解国情历史和传统				
	关注全球性挑战和可持续发展				
实践创新	具有较强的动手操作能力				
	善于提出问题和解决问题				
	有创造力并能对物品优化改进				
学会学习	能主动实验、具有浓厚的学习兴趣				
	善于总结经验、适时调整实验方法				
	能有效地获取、鉴别、使用信息				

3. 活动表现评价

在教学中，活动表现评价可以考查学生的参与意识、合作精神、获取和加工化学信息的能力以及科学探究的能力等。观察学生在学习活动中的表现，可以了解学生参与的积极性，思考提出、回答问题的情况，评价学生观察、合作交流的能力以及学习习惯与科学态度等。特制定核心素养评价表见表5-5。

表5-5　核心素养评价表

评价对象：		评价人：		评价时间：		
评价指标	评价要素	优秀或者合格				
		组		组		
		自评	组内互评	组间互评	教师评	
化学观念	能认真观察物质，对物质的状态及变化能准确描述与记录					
	能从微观角度理解物质性质及其变化					
	能用适当的符号表征物质及其变化					
	能够主动找出活动中涉及的各种变化，通过观察认识到物质处在不断的变化中，变化的特征对变化进行分类研究					
	认识到变化是有条件、可控的，控制反应条件对生成物的影响在实际生产中运用的价值					
	能从定性和定量角度分析物质的变化，认识定量定性分析在生产实际中的重要作用					
科学思维	能够熟练运用物质的组成和结构与物质的性质、物质的性质与物质的用途之间的关系分析解决问题					
	学会收集各种证据，能够基于实验和客观事实证实和证伪					
科学探究与实践	在活动中善于发现和提出有价值的问题，有自己的见解和看法，能够围绕问题提出解决方案					
	善于倾听，能够及时提出质疑，分析并阐释自己的观点					
科学态度与责任	能够详细地做出活动的安全预案，善于对安全问题进行反思和总结					
	能够针对环境保护和资源合理开发提出自己的见解和看法，具有"绿色化学"观念和可持续发展意识					
	能运用已有知识和方法综合分析化学过程对自然可能带来的各种影响，权衡利弊，强化社会责任感，积极参与有关化学问题的社会决策，并提出自己的建议					

4. 电子档案袋追踪记录

（1）构建学生电子档案袋，实现了主动探究和自我监控

通过学习和讨论，跨学科整合，结合网络平台具有的个人资源管理、信息交流、叙事反思的特点，设计构建出具有实际应用价值的电子档案袋结构。具体结构及对档案中每一类别的界定，如图5-1所示。

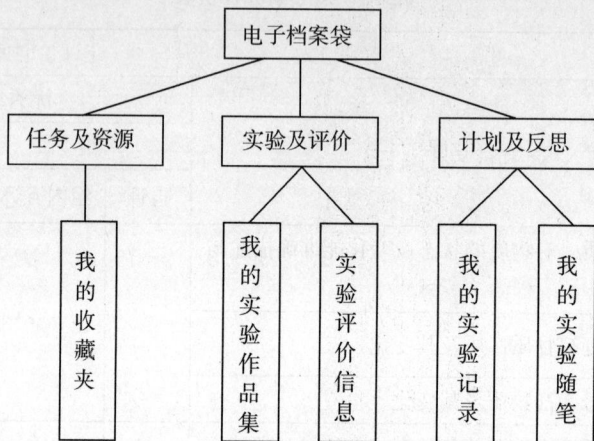

图5-1　电子档案袋结构图

任务及资源模块。该模块的主要功能是帮助学生明确课外实验内容，了解实验探究任务、要求，提供可选择的实验资源和教师指导，使学生掌握必要的课外实验探究技能。

我的收藏夹。由学生认真阅读了教师提出的实验任务、方案以及完成探究任务的要求、方法后，将其复制、粘贴到自己的日志中，用以时时指导自己开展实验探究活动。同时，学生利用信息技术手段获得的学习资源，如一些从网上下载的实验内容、图片等，也发布在该类日志中，以培养学生在核心素养不同方面的发展。

实验及评价模块。该模块主要收集、记录学生上传的实验作品，并实现对探究活动的多元评价。

该模块包括两个日志分类。

我的实验作品集。我的实验作品集，是学生的代表性实验及相关证明的集合，用于描述和证明学生能力和成就。作品主要是每次教师布置的任务和完成的作品电子影像等。由于评价的需要，课外完成的实验不管成功与否，都要用电子稿的形式存储起来。

学习评价信息。评价信息是有关学生学习评价的汇总，包括自我评价、同学评价和教师的评价。自我评价是自己对自己探究过程的评价；同学评价是对该学生在实验活动中的行为、效果等方面发表的看法；教师的评价则是在学生的自我评价、同学评价的基础上，根据学生的实验行为、实验效果得出的综合评价结论，是最有说服力和指导意义的。

计划及反思模块。该模块主要包括学生制定的实验计划和对自己实验过程的反思、总结。

该模块包括两个日志分类。

我的实验记录。学生上传自己或小组制定的实验计划、方案，以加强实验的计划性、目的性，同时还可以为自我反思提供参考依据。

我的实验随笔。"我的实验随笔"文件夹收藏的是学习过程的体验与反思，以文本的形式记录。这种做法使学生清楚地发现自己的长处与不足，从而明确下一步的改进目标，并在不知不觉中培养起自我鉴别、自我反思的能力以及对学习负责的态度与精神。

（2）建立了评价的流程和量规，实现多元评价

以评价促进学生核心素养的全面发展，教师经过培训与实践，设计出关注学生个体、关注学生自身发展的评价流程如图5-2所示。

```
学生自评 → 教师点评 → 伙伴互评 → 自我随笔
```

图5-2　电子档案袋评价流程

为了使评价内容更加明确化、具体化和可操作化，为了保证评价的客观与合理，学生电子档案袋中的评价信息设计了相应的评分方法，把评价的内容合理分为若干个能够客观反映学生探究过程和结果的若干个等级水平。使学生更深入地把握评价的内容，在探究过程中有意识地根据评价量规来反思自己的实验，从而促进其核心素养的提高。

（3）学生电子档案袋在课外实验中模式运作，落实核心素养

化学课外实验探究，师生以平等的姿态出现在教学活动中，教师不再也不可能维持自己在传统教学环境下的"专家"角色，学习者是学习的主人，一切知识经验的获得都有赖于学习者的自主建构。根据多次实践研究，我们初步拟出如下学生电子档案袋在学科教学中的运作模式，见图5-3。

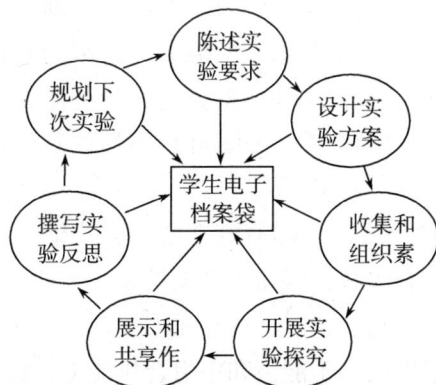

图5-3　学生电子档案袋在课外实验中的运作模式

经过一年多的实验研究，我们发现各校实验学生自主实验的能力有了较大提高，学生的学科素养提升方面取得了一定的成绩。在传统课堂学习中，表现只是平平的学生，在利用电子档案袋记录其课外实验探究的过程中，学习劲头十足，不仅善于利

用网络辅助自己学习，而且为了在电子档案袋中充分展示自己的能力，想方设法向同学、教师、家长请教，力争交出满意的实验探究作品。学生与同伴共享各自的电子档案袋，并互相评价，教师也应对学习者的电子档案袋给予指导与评价。学生在综合评价的基础上，对自己整个学习过程的得与失进行反思，促进自我的发展。

四、初中化学课外实验主题实践性课程案例

在化学实验教学中渗透核心素养，是培养全面发展的人的重要途径。本文所设计的化学实践教学案例在对实验班的教学中进行了渗透核心素养的实践，以实验起源为背景，采用小组合作的方法，把落实核心素养作为教学目标之一，注重实验教学中的评价方式，通过各种类型的化学实验教学案例分别有侧重性地提高学生各个方面核心素养，最终指向学生核心素养的全面提高。以下为本课程典型案例。

案例一

科学探究与实践实验活动
——自制叶脉书签

一、活动实施

本实验位于鲁教版九年级化学第二单元常见的酸和碱，本单元的学习内容是系统地认识最具代表性的两大类化合物——酸和碱。

生活中，学生对氢氧化钠和氢氧化钙的使用并不是很熟悉，因为二者主要是工业原料，所以将碱带入实验室中使学生在学习上有一定的新鲜感，处于比较兴奋、好奇的状态。选择自制叶脉书签作为本节课的实验，一是因为它比较漂亮，能提起学生兴趣；二是它的制作需要用到氢氧化钠和碳酸钠这两种物质，而这两种物质正好是酸碱盐内容中非常具有代表性的两种物质；三是叶脉书签的制作比较简单，学生可以自己独立完成。

从学生年龄和生理特点上看，他们有好奇心，喜欢动手，但在学习方法和总结知识系统性、条理性等方面均有欠缺，因而，必须构建一个共同的平台，让学生能从各自原有的水平出发，对已有的知识、技能进行补充或整理，并用之于实际情境中。通过这个实验活动不仅可以培养学生的动手能力和小组合作能力，还可以复习酸碱盐的相关知识，提高学生对知识的综合应用能力和实验设计、合作交流等品质，提高学生灵活运用所学知识解决实际问题的能力。

于是，确定了本节课的教学目标：

1）进一步了解叶片的结构，能初步使用常用化学药品制作叶脉书签，知道探究实验

设计的一般原则；

2）通过对叶脉书签的制作，培养学生设计简单实验的能力，培养学生的操作技能和探究能力以及不畏失败用于探索的科学精神；

3）培养学生细致严谨的科学品质，学会从化学中关注生活，学以致用。

具体的教学过程见下表5-6。

表5-6　教学过程

教学环节	教师活动	学生活动	设计意图
课题引入	请各小组同学分组展示已经做好的叶脉书签，各种颜色和形状，并分别解释不同的书签寓意不同，激发学生互相学习的兴趣。	观看美丽的叶脉书签并希望了解不同书签的做法。	激发学生的学习兴趣。
提出问题	工业上在制作叶脉书签时使用到了氢氧化钠溶液浸泡树叶，你知道在这里体现了氢氧化钠的什么性质吗？ 这个变化属于什么变化？ 同学们家里没有氢氧化钠，每个小组都是用什么日常用品来代替？ 介绍：肥皂的一个俗称叫"洋碱"，从俗称上来看肥皂的酸碱性应该是怎样的呢？ 为什么用氢氧化钠可以腐蚀树叶的叶肉，但是树叶的叶脉却依旧清晰完好呢？	思考并回顾氢氧化钠的性质。 回答氢氧化钠具有强碱性同时也具有腐蚀性。 通过查阅资料了解：氢氧化钠对皮肤、果肉类的物质有腐蚀性，但是无法腐蚀植物的纤维。 学生展示叶脉书签并介绍实验原理： 树叶的叶肉中含有淀粉类物质，遇到腐蚀性物质会被腐烂。温度越高，腐烂得越快。树叶中叶脉的主要成分是纤维，不易被腐蚀。	引导学生回顾碱的性质。 从实验室进入生活。 了解实验原理，结合实际体会碱的腐蚀性。
探究活动一	通过实验，你们是如何处理的呢？请小组代表交流。 选择什么样的叶子效果比较好呢？ 碱液浸泡叶子到什么程度就可以拿出来了？ 可以用什么方法来加快反应速率？ 使用碱液时要注意哪些问题？ 你们选择什么工具来除去叶肉？ 你们想如何给叶脉上色？使用什么工具？ 怎样给叶脉书签固定？ 简单陈述整个实验方案。	小组合作并讨论：可以选择新鲜的常绿树叶，叶脉清晰，结构结实。 当叶肉变软，叶肉易离时就可以拿出来了。 可以加大浓度或者加热来加快反应速率。 碱液具有腐蚀性，所以不能用手接触，可以借助镊子、夹子等工具。	从生活中的情境入手来解决化学问题，由学生来设计实验方案，培养不断探索的科学精神。

教学环节	教师活动	学生活动	设计意图
探究活动二	请同学们详细陈述在课外实验中所做的过程与步骤。	通过互相学习不同小组的实验方法，总结最适宜的实验步骤。 1.在250 mL汤锅中加入约100mL水，再加入约10g洗衣粉、放在燃气灶上加热至锅内的液体沸腾。将树叶放入液体内，要小心液体飞溅。 2.观察树叶的叶肉变软易剥离时就可以取出用水洗净；用工具慢慢除去腐烂部分，留下叶脉后冲洗干净；擦干水，晾晒控水。 3.完全晾晒干燥就得到了原色的书签。如果想要染色可以等半干时浸涂上颜色，以增加美感。	在实验过程中体会分工合作的快乐以及实验操作严谨细致的重要性，加强勇于探究实践的科学精神。
探究活动三	提出问题： 实验过程中遇到了哪些问题？可以如何解决？ 请分小组交流一下实验心得。	思考并总结：用清水漂洗并不彻底，可以用漂白粉、过氧化氢或者84消毒液来漂白。 可以继续探究不同品种的植物叶子，比较谁做出来的效果最好。 染色时要注意颜料不能太重，否则会盖住叶脉。 晾半干时较易上色，并且可以用纸来吸水。	通过反思实验过程以期达到更好的实验效果，体现了敢于向困难挑战的精神。
小结	总结本节课所用到的方法以及体现的科学精神，鼓励学生继续再接再厉用这种钻研的精神运用到今后的学习中去。 课后作业：可不可以用酸来作为腐蚀叶片的药品，为什么？	反思本节课的收获。	培养学生敢于实践、勇于钻研的科学精神。

二、活动过程展示

活动过程教师和学生共同完成的《成长档案袋》见表5-7。

表5-7 成长档案袋

课程名称	化学与生活	授课年级	八年级
授课人	宋老师	授课日期	10月26日
活动课 目标	认识碱的性质，了解碱的用途。 掌握实践技能，能够学以致用。 在实验探索过程中，强化教育不畏失败不懈努力的科学精神。		
课前准备	树叶、刷子、氢氧化钠、洗衣粉或肥皂、烧杯、酒精灯、铁架台。		
课堂活动 形式	实验、视频。		
实验过程	1.选择叶脉粗壮而密的树叶。 2.用10%的氢氧化钠溶液煮叶片。 3.煮沸5 min左右，待叶子变黑后，捞取一片叶子，放入盛有清水的塑料盆中。小心翼翼地用清水洗净。 4.当叶片上残留碱液漂洗干净后取出，把叶片平铺在一块玻璃上，用小试管刷或毛质柔软的旧牙刷轻轻顺着叶脉的方向刷掉叶片两面已烂的叶肉，一边刷一边用小流量的自来水冲洗，直到只留下叶脉。 5.刷净的叶脉片，漂洗后放在玻璃片上晾干。当晾到半干半湿状时涂上所需的各种染料，然后夹在旧书报纸中，吸干水分后取出，即可成为叶脉书签使用。		
学生反思	了解碱的用途，掌握实践技能。认识化学与生活密切联系，加强对生活中化学的认识。		
教师基于 核心素养 的评价	通过叶脉书签的制作，培养了设计简单实验的能力，培养了操作技能和探究能力以及不畏失败用于探索的科学精神。 培养了细致严谨的科学品质，学会从生活中关注生活，学以致用。		

三、活动评价

将实验班学生活动后核心素养评价结果汇总，与实验前评价结果对照，具体见表5-8。

表5-8　实验班学生核心素养评价结果汇总对照表

评价对象：实验班		学生评价人：宋佳		评价时间：2019.10	
评价指标	评价要素	实验班一年前后对比			
		优秀率		合格率	
		前	后	前	后
科学精神	尊重事实和证据	12%	45%	53%	84%
	具有问题意识	21%	48%	42%	77%
	积极寻求有效的问题解决方法	15%	43%	28%	61%
责任担当	具有团队和规则意识	26%	43%	43%	67%
	了解国情历史和传统	14%	32%	35%	49%
	关注全球性挑战，绿色化学可持续发展	14%	33%	32%	64%
实践创新	具有动手操作能力	21%	47%	55%	89%
	善于提出问题，有解决问题的热情和能力	19%	28%	37%	58%
	能将创意和方案转化为有形物品或对已有	15%	31%	33%	67%
	物品进行改进与优化	19%	52%	23%	49%

四、活动反思

通过配制制作叶脉书签的溶液，不仅复习了酸碱盐的相关知识，也提高了学生的实验探究能力，培养了学生的科学精神。达到了以下的目标。

（1）认识常见酸碱的主要性质和用途，知道酸碱的腐蚀性。

（2）初步学会常见酸碱溶液的稀释方法。

（3）初步学会用酸碱指示剂和pH试纸检验溶液的酸碱性。

（4）知道酸碱性对人体健康和农作物生长的影响。

通过多次小组合作，体现学生主体地位。让每位学生都能积极参与小组讨论，各抒己见，充分体现了学生的主人翁地位。本节课很多内容是师生对话，课堂上营造了一个宽松和谐的氛围，精心设计的问题情境，让学生感觉到学习有趣味、有意思，在师生你问我答的过程中，引起学生认知冲突，轻松完成本节课任务。教学效果方面可以说是出乎意料，学生们对实验方案的设计让我大开眼界，组内同学互帮互助；实验时，小组成员分工明确，能够互相纠正实验操作中出现的问题。

案例二

科学思维实验活动
——氧气的制取与性质实验的改进

一、活动实施

鲁教版八年级化学课本第四单元到实验室去设置了氧气的实验室制取与性质的实验课，在学生已经学习过如何制取以及检验氧气的性质之后，可以在这个实验课后向学生渗透实验改进与创新的思想。这个实验探究了氧气分别与木炭、铁丝和蜡烛燃烧的现象，这是学生在初中阶段第一次系统地学习气体的制备以及性质探究，所以占有非常重要的地位。八年级的学生已经具备了一定的分析和解决问题的能力，但分析相关问题时的全面性、严谨性不足，对实验改进和创新能力亟待加强。

于是，确定了以下教学目标：

1）知识与技能：了解探究性质的一般思路和方法，理解氧气的性质；

2）过程与方法：学会找到实验中的问题并解决问题，掌握实验室制取氧气的操作方法；

3）情感态度价值观：培养实验兴趣，建立创新意识；

4）德育目标：勇于质疑、思考、创新，不迷信权威的科学精神。

在传统教学中，一般是教师在上课前提前收集好三集气瓶的氧气，然后分别进行实验，但是此做法的弊端是：

1）该实验运用分液漏斗只能控制反应速率但是无法控制反应的发生和停止；

2）传统实验装置只能检验氧气的化学性质，没有涉及探究氧气的物理性质；

3）提前收集氧气的实验方法成功率低，现象不明显，如果当堂收集氧气又会浪费课堂的时间。

成功率较低的原因可以总结为以下几点。

1）该实验无法控制反应的发生和停止，实验结束后的催化剂难以重复利用。

2）传统实验装置只能检验氧气的化学性质，没有涉及探究如密度、溶解性等物理性质。

3）装置的密封性难以保证，以至于氧气含量保证不了，使得实验较难成功。

在此前提下，教师通过步步引导，使得学生一起探究出恰当的解决方案。

具体教学过程如表5-9。

表5-9　教学过程

教学环节	教师活动	学生活动	设计意图
课题引入	以上节课进实验室所做的氧气的制取与性质实验为背景，分小组讨论做实验时的成功与失败的经验。	回顾上节课的具体情况小组讨论。	讨论得失，获得经验。培养学生大胆假设的科学精神。
提出问题	每个小组发现了哪些问题呢？你们分析遇到这些问题的原因是什么？可以怎样解决呢？	分小组回答，展示。	引导学生回顾问题以及思考原因，进一步找到方法解决，树立善于质疑的科学精神。
探究活动一	倾听一组代表拿着实验装置上台展示。	提出问题：该实验无法控制反应的发生和停止，实验结束后的催化剂难以重复利用，造成资源浪费和污染。提出解决方案：根据生活经验中的泡茶情景，学生设计用一个滤纸袋包住二氧化锰，来控制反应的发生和停止。在这里学生也提出可以将粉末状的二氧化锰做成球状的方便固液分离。1.用茶叶袋包裹住二氧化锰，通过茶叶袋的放入和提出来控制反应的发生和停止。实验结束后直接回收茶叶包中的二氧化锰即可。2.将粉末状的二氧化锰用胶水或者水泥粘在一起，通过有孔塑料板来控制反应的发生和停止。	培养学生不断探索的科学精神。

教学环节	教师活动	学生活动	设计意图
探究活动二	倾听二组代表拿着实验装置上台展示。	提出问题：传统实验装置只能检验氧气的化学性质，没有涉及探究物理性质。 学生观察水管的三通管，提出用T型管上下各放一根带火星的木条，通过复燃情况探究氧气的密度。在讨论过程中学生还自制了一个两端有带火星木条的U型管，方便同时检查复燃情况。 利用所学的酒精溶于水体积会减小的原理，学生提出用注射器收集一定体积的氧气，再抽入一定体积的水，振荡后观察注射器的刻度值变化，探究氧气的溶解性。 提出解决方案： 1. 利用T型管和带火星的木条来探究氧气的密度； 2. 利用注射器吸取氧气和水来探究氧气的溶解性。	通过特殊结构利用到实验装置中来解决探究物理性质的问题，培养学生使用创新装置的科学方法。
探究活动三	倾听三组代表拿着实验装置上台展示。	提出问题：提前收集氧气的实验方法成功率低，现象不明显，如果当堂收集氧气又会浪费课堂的时间。 学生通过查阅资料提出，在试管上用玻璃刀切出一个孔，将原实验装置改进成边制取边收集使用氧气的实验装置，使氧气源源不断地提供，可以保证实验过程中氧气的浓度，使现象十分明显，也可以完成验满操作。 提出解决方案：利用带孔的试管和集气瓶来边制取氧气边做氧气的性质实验，使氧气源源不断地提供以保证氧气的浓度。	体现了敢于向困难挑战的精神。
探究活动四	建议学生集思广益，将所有的改进融合到一个实验当中，可以设计出什么样的一体化实验装置呢？	开始讨论、交流。 绘制出一体化装置图。	调动全员的积极性，一起探讨如何将大家的智慧凝结在一起，提高学生的合作、创新能力

教学环节	教师活动	学生活动	设计意图
小结	总结本节课所用到的方法以及体现的科学精神，鼓励学生继续再接再厉，用这种钻研、不畏权威的创新实践精神运用到今后的学习中去。	学生反思本节课的收获。	反思总结：从核心素养的角度体会收获。

二、活动过程展示

活动过程学生成长档案袋见表5-10。

表5-10 成长档案袋

课程名称	氧气的制取与性质	授课年级	八年级
授课人	宋老师	授课日期	11月15日
活动课目标	了解探究性质的一般思路和方法，理解氧气的性质。 学会找到实验中的问题并解决问题。 培养实验兴趣，建立创新意识，树立不畏权威、努力思考的科学精神。		
课前准备	20 mL注射器、250mL锥形瓶、导管、橡胶管、铁丝、纱布、T型管、气球、弹簧夹、500 mL集气瓶、30*200规格大试管、塞子、滤纸、酒精灯、镊子、铁架台。		
课堂活动形式	分组实验、视频。		
实验过程	1. 在锥形瓶中加入过氧化氢，用滤纸包住适量二氧化锰，铁丝拴住纸包。 2. 打开弹簧夹，同时将带火星的木条放在T型管两端，观察现象。 3. 用注射器收集约10 mL氧气，然后抽取10 mL水，震荡，观察刻度的变化。 4. 在有孔大试管中伸入红热的木炭，观察现象，然后在试管中加入澄清的石灰水拿下大试管，在集气瓶中加入铁丝燃烧观察现象。另取一破洞大试管放入集气瓶中，将蜡烛伸入试管中，观察现象。 5. 拉动铁丝，使滤纸高于过氧化氢液面，反应停止，回收二氧化锰。		
学生反思	通过小组合作来发现问题并且解决问题，建立实验室探究气体性质的一般思路。		
教师基于核心素养的评价	将敢于质疑、勇于钻研的创新实践精神渗透给学生，通过生活中情景的启发对传统的实验中的问题进行改进，培养创新精神。		

三、活动评价

将实验班学生活动后核心素养评价结果汇总，与实验前评价结果对照，具体见表5-11。

表5-11 实验班学生核心素养评价结果汇总对照表

评价指标	评价要素	评价对象：实验班		学生评价人：宋佳	评价时间：2019.11
		实验班一年前后对比			
		优秀率		合格率	
		前	后	前	后
科学精神	尊重事实和证据	22%	55%	47%	74%
	具有问题意识	23%	58%	43%	78%
	积极寻求有效的问题解决方法	25%	53%	38%	71%
责任担当	具有团队和规则意识	26%	53%	33%	77%
	了解国情历史和传统	16%	32%	36%	59%
	关注全球性挑战，绿色化学可持续发展	18%	43%	32%	64%
实践创新	具有动手操作能力	23%	57%	55%	89%
	善于提出问题，有解决问题的热情和能力	23%	38%	37%	68%
	能将创意和方案转化为有形物品或对已有	18%	31%	23%	67%
	物品进行改进与优化	18%	62%	33%	56%

四、活动反思

在授课过程中，学生通过小组合作提出了较多有价值的问题。例如，学生在提出从生活中常见的茶叶包原型想到利用固液分离的思想来控制反应的发生与停止，其他小组的同学立即质疑二氧化锰粉末的颗粒极小，茶叶包是无法分离二氧化锰与过氧化氢溶液的。在课堂讨论解决问题的此刻体现了核心素养中的科学精神要素，学生不畏困难坚持探索最好的实验方案，最终确定了方案一为选择滤纸包裹二氧化锰，利用绳子抽拉滤纸的方法来控制固液接触和分离。方案二为将粉末状的二氧化锰制成球状的二氧化锰，再将二氧化锰放入茶叶包中就可以避免粉末洒落的情况出现了。例如，当有学生提出想利用T型管来探究氧气的密度比空气大还是小时，又有学生提出了新的质疑，就是如何保证同时放在T型管上下两端？一个人单手操作的话会不方便。这一疑问提出，全班开展了激烈的讨论，最终一个小组的方案赢得了大家的掌声，就是利用两个L型导管用胶带粘在一起制成一个U型管，在U型管的两端各粘上一个木条，就可以制成同时放在T型管两端的带火星木条了，这样不仅方便一人单手操作，而且保证了同时实验，提高了本实验的科学性。

响应新课改的要求，积极对传统实验进行改进，将敢于质疑、勇于钻研的创新实践精神渗透给学生，通过生活中情景的启发对传统的实验中的问题进行改进。在这个过程中用到了应用多学科知识、改造装置、利用特殊结构的方法。运用了新课程理念，学生通过小组合作来发现问题并且解决问题，帮助学生建立实验室探究气体性质的一般思路。体现学生的主体地位，提高了学生的学习兴趣以及创新能力，教师介绍启普发生器的由来进行德育渗透。学生一同讨论出实验装置在校内推广使用，提高了学生在创新方面的自信心。

案例三

化学观念实验活动
——加热碳酸氢钠

一、活动实施

增强国家认同，努力在参与中华民族伟大进程中实现人生价值。化学发展史不仅记载着化学知识的每一步进展，也记载着人类为之所做的努力、获得的经验和教训以及这种进展对科学、对社会产生的作用和影响等。教材中关于科学家、化学史、化学与科技、化学与生活等材料都蕴含丰富的人文教育气息。追求化学发展的历史，走进化学家的人文世界，我们会发现化学家们有许多共同的特点：信仰科学，追求真理、研究化学的兴趣强烈，有强烈的历史责任感和报国之心，化学实验热情高、能力强等。因此让化学史走进化学课堂，利用化学家在化学发现和发明过程中所运用的研究方法和工作态度，所体现出的真、善、美等崇高品质，可以诱发学生热爱科学、热爱学习的热情，激发学生内在的道德观念，对学生有着潜移默化的影响和巨大的激励作用。

"海水制碱"学习结束之后，化学社团尝试做了碳酸钠热稳定性的实验探究。学生从身边熟悉的物质出发，通过认识身边的常见的盐的性质和用途，进一步系统地学习盐的知识，进而对酸、碱、盐的性质、应用和转化规律及化学反应有比较系统的认识，还可以将无机化合物的分类和通性进行比较。在展示环节中，为调动全体学生的积极性、主动性，又通过大量的实物、录像、图片，让学生去感知、体验、对比，加深对所学知识的理解和运用。在展示过程中通过讨论交流的方式让学生展示自己所了解到的氯化钠、碳酸钙、碳酸钠和碳酸氢钠的一些性质和用途，给每一个学生提供平等的学习机会，使他们都能具备适应现代生活及未来社会所必需的化学知识、技能，增强学好化学的信心。

于是，确定了本节课的教学目标：

能说出碳酸钠在生活中的主要用途。

通过实验探究碳酸氢钠受热分解的反应，进一步认识碳酸根离子的检验方法。

学习科学家为国献身的可贵精神，以弘扬爱国主义精神为核心，引导继承爱国传统，增强国家认同，努力在参与中华民族伟大复兴进程中实现人生价值。

具体教学过程如表5-12。

表5-12 教学流程

展示环节	学生活动	教师活动	设计意图
引入	学科代表：大家知道北宋时期的文学史中的"三苏"是谁吗？可你们是否知道在化学界也有"三苏"？	聆听。	激发学习热情
提出问题	交流展示化学界"三苏"的化学式，化学名称及相应的俗称。 进一步提问：大家了解哪些更多有关侯德榜先生的事迹吗？	聆听适时评价。	增加学生的感性认知。 了解化学家的故事，体会化学家身上伟大的爱国精神，培养学生的爱国情怀。
探究活动	下面是给大家提供的药品和仪器：碳酸氢钠固体，澄清石灰水，氯化钙溶液，试管，酒精灯，铁架台，导气管，火柴，试管夹。 小组合作解决以下问题： 第一步的产物是谁？ 如何检验生成的物质是碳酸钠呢？ 除了有碳酸钠生成，还会有其他物质生成吗？依据是什么？ 我们如何来选择发生装置？收集装置和尾气处理装置呢？	学生参与讨论。	由学生来设计实验方案，解决问题，学会合作学习。 在实验过程中体会分工合作的快乐以及实验操作严谨细致的重要性，加强勇于探究实践的科学精神。
探究活动	学生实验，分工合作，做好观察和记录。 请介绍一下你们小组的探究过程。 总结：我们可以用酒精灯加热碳酸氢钠固体，它受热分解生成了碳酸钠（氯化钙溶液变浑浊），根据质量守恒，生成物中还有水。	观察学生实验，实时指导。	培养学生观察和表达能力。
展示评价	提出问题： 实验过程中你注意到哪些问题？ 如在安装试管时，试管口要朝向哪里？ 对试管加热时要如何加热？	倾听适时点评。	自己总结实验注意事项，不断反思和进步。
学生总结	学生总结：我们刚刚自己动手制得了纯碱——碳酸钠。那么碳酸钠在日常生活生产中有哪些应用呢？	倾听适时点评。	意识到化学与人类的生产生活息息相关。

展示环节	学生活动	教师活动	设计意图
教师提升	侯德榜先生为了复兴民族企业，毅然回国，研究并改进了新的制碱方法，打破了西方国家对制碱工业的垄断。侯德榜先生在事业的高峰期选择回国，其伟大的爱国主义和爱国热情值得我们去学习。	了解侯德榜的爱国故事，弘扬伟大的爱国主义。	弘扬爱国主义精神为核心，引导继承爱国传统,增强国家认同,努力在参与中华民族伟大兴进程中实现人生价值。

二、活动过程展示

活动过程学生成长档案袋见表5-13。

表5-13　成长档案袋

课程名称	加热碳酸氢钠	授课年级	九年级
授课人	张老师	授课日期	10月10日
活动课目标	通过实验探究碳酸氢钠受热分解的反应，进一步认识碳酸根离子的检验方法。学习科学家为国献身的可贵精神，以弘扬爱国主义精神为核心，引导继承爱国传统，增强国家认同，努力在参与中华民族伟大复兴进程中实现人生价值。		
课前准备	碳酸氢钠固体、澄清石灰水、氯化钙溶液、试管、酒精灯、铁架台、导气管、火柴、试管夹。		
课堂活动形式	演示实验、视频。		
实验过程	1.组装仪器并检查装置气密性。 2.装入碳酸氢钠固体药品。 3.点燃酒精灯，加热药品，观察现象。 4.撤离导管并熄灭酒精灯。		
学生反思	学生积极参与小组讨论，各抒己见，学生在体验化学研究的过程中发展了文化素养。		
教师基于核心素养的评价	让学生在体验化学研究的过程中发展了文化素养，通过碳酸钠在生产生活中的应用，突出化学学习的社会价值，培养学生社会责任感；通过碳酸氢钠性质实验设计，提高学生科学的思维能力、发展学生寻找证据进行推理的核心素养。		

三、活动评价

将实验班学生活动后核心素养评价结果汇总，与实验前评价结果对照，具体见表5-14。

表5-14 实验班学生核心素养评价结果汇总对照表

评价指标	评价要素	实验班一年前后对比			
		优秀率		合格率	
		前	后	前	后
科学精神	尊重事实和证据	26%	43%	43%	67%
	具有问题意识	14%	32%	35%	49%
	积极寻求有效的问题解决方法	14%	33%	32%	64%
责任担当	具有团队和规则意识	21%	47%	55%	89%
	了解国情历史和传统	16%	32%	36%	59%
	关注全球性挑战，绿色化学可持续发展	16%	32%	36%	59%
实践创新	具有动手操作能力	18%	43%	32%	64%
	善于提出问题，有解决问题的热情和能力	23%	57%	55%	89%
	能将创意和方案转化为有形物品或对已有	23%	38%	37%	68%
	物品进行改进与优化	18%	62%	33%	56%

评价对象：实验班　　学生评价人：张英兵　　评价时间：2020.10

四、活动反思

本节课是课后拓展型实验展示课，教学中提供相应的仪器药品，让学生自己提出猜想、设计实验、进行实验探究，得出结论。通过多次小组合作，让每位学生都能积极参与小组讨论，各抒己见，充分体现了学生主体地位，让学生在体验化学研究的过程中发展了文化素养。文化素养不可能凭空产生，它们一定内隐在化学教学内容之中。培养学生的文化素养必然要以知识教学为载体口。因此，教师要结合教学内容，根据学生的实际情况，围绕发展学生核心素养中人文底蕴这一目标，创造性地开发和使用教材，挖掘教材内容所包含的素养教育，达成发展核心素养的目的。

本次课外实验，通过碳酸钠在生产生活中的应用，突出化学学习的社会价值，培养学生社会责任感；通过碳酸氢钠性质实验设计，提高学生科学的思维能力、发展学生寻找证据进行推理的核心素养。让学生"想学"的方法有多种，向学生展示所学化学知识的价值，可以是向学生展示所学化学知识在生产、生活和科技领域中的应用，特别是日常生活中的应用；也可以是向学生展示所学化学知识在化学科学发展中的应用；还可以是向学生展示所学化学知识在化学及其相关学科学习中的应用。而本节课以侯德榜的爱国事迹为引课，让学生在学习的过程中既体会了知识的价值，也有效地调动了自我主动学习的积极性，弘扬爱国主义精神，引导继承爱国传统，增强国家认同，努力在参与中华民族伟大复兴进程中实现人生价值，提升了文化素养。

案例四

科学态度与责任实验活动

——自制碳酸饮料

一、活动实施

鲁教版八年级化学第二单元运动的水分子和水的人工净化之后，上一节有关碳酸饮料与健康生活的实验课非常有必要。水是万物生命之源，由于受现代媒体和明星效应的宣传影响，青少年是碳酸饮料的主要消费人群，他们有一定的经济自主权和选择权，喜欢追时尚。通过学生亲手实验，分析数据和现象，感知过量饮用碳酸饮料的危害，从而树立科学饮食和健康生活的意识。以化学视角认识物质，审视世界的态度和意识，不盲从、有主见、有行动，能协调和管理自己的情绪，并具有达成目标的持续行动力，初步形成正确的人生观与价值观。选择碳酸饮料作为载体，原因有四：一是自制碳酸饮料的原料容易获得，学生亲自动手体验饮料的一般制作工艺，感受化学学科的价值，激发学习化学的热情；二是在不断改进配方的过程中，分析变化过程，体验化学中的定性与定量研究，感受科学研究的一般方法，无形中培养学生的科学素养；三是实验时间比较长，课堂时间无法完成；四是学生仅是从父母那里或者网上知道碳酸饮料对身体健康有影响，仅是在道理上的感性层面的知道，没有深刻的理性认知，也就无法做出正确的选择。碳酸饮料生活中比较普遍，通过实验总结碳酸饮料对健康的不良影响，学会用唯物主义观点辩证地看问题，进而通过控制自己的情绪选择健康的生活方式。

因此，确立了本节课的教学目标：通过自制碳酸饮料，体验饮料的一般制作过程，并体验化学价值。通过改变配料的质量比例制作喜欢的碳酸饮料，分享给同学，体验分享与合作的快乐，增强团队意识与合作能力。通过实验探究了解糖摄入过多和酸性物质对身体健康的影响，进而控制自己的情绪，选择健康的生活方式。通过实验学会从化学角度认识物质，用化学知识指导自己的生活，做一个不盲从、有主见、有自制力的人。

具体教学过程如表5-15。

表5-15　教学过程

教学环节	教师活动	学生活动	设计意图
课题引入	请组内同学分享带来的自己制作的自己喜欢的碳酸饮料。	相互分享劳动成果。	分享与合作是作为社会人必须具备的素养，给学生搭建一个平台，在体验分享的成就感的同时，在品尝别人饮料的同时反思交流，进而改进自己的配方，培养改进的意识。

教学环节	教师活动	学生活动	设计意图
课题引入	展示配制过程及原料用量。	配制过程及用量（一般方法）： 在饮料瓶中加入30 g白糖、2 g碳酸氢钠、450 mL饮用水、2 g柠檬酸，冷冻。 学生交流： 1. 建议去超市买新鲜柠檬，回家自己制作柠檬酸。 2. 为增加口感可加入一些果汁，仍建议从时令水果中或自己喜欢的新鲜水果制作榨汁加入。	小苏打和柠檬酸的量会决定饮料口感，柠檬酸过多，会有酸味；小苏打过多，会有涩感，即使恰好完全反应，如果产生二氧化碳太少，口感也不会太好，体会定量的重要性。搭建交流的平台，培养倾听好的方法和建议的能力，并培养反思能力。有学生采用新鲜的水果代替直接购买成品，其实也是拥有健康理念的体现，为还没有建立健康意识的同学树立榜样。
实验探究分享1	探究问题：一瓶碳酸饮料摄入糖分的量是多少？学生展示实验方法和实验数据。 《中国居民膳食指南》中青少年每天糖分摄入量应控制在50克以内，我们在一日三餐时已经摄入一部分了，所以饮料或者水果摄入需要控制，糖摄入过高会存在很多潜在的隐患，如：龋齿、厌食、肥胖甚至引发糖尿病等健康问题。	学生实验方法：分别取100 mL的可乐和雪碧，加入锅（或杯）中蒸发。实验现象：可乐中产生黑色黏稠物质，质量10.4 g，推知500 mL的一瓶可乐，含糖量52 g；雪碧中产生的是黄色黏稠，质量11.2 g，推知500 mL的一瓶雪碧，含糖量是56 g。 有的学生从自制碳酸饮料，改进配方的过程中发现，自己配制的碳酸饮料要能有比较甜的感觉，加入糖的量比较大，配制与可乐近似甜度的碳酸饮料所加入白糖的量推知可乐中的含糖量。	除了一日三餐正常摄入糖分，学生通过实验测定感知每天一瓶小小饮料中含糖量已经超出健康膳食标准，长此以往，健康容易出现问题，提高学生健康觉悟，明确选择健康的生活方式才能使生命更安全。

教学环节	教师活动	学生活动	设计意图
实验探究分享2	探究问题：碳酸饮料会引起钙质流失。	实验用品：鸡蛋（2个）、透明玻璃杯（2个）、可乐（1瓶）、饮用水、镊子。 学生实验方法：将两个差不多的鸡蛋分别放入两个透明的玻璃杯中，一杯加入三分之二瓶可乐，一杯加入等量饮用水。一天、三天、五天、七天分别取出鸡蛋观察，用手触摸，并用镊子敲击鸡蛋的蛋壳外表皮，记录实验现象。 实验结论：鸡蛋蛋壳中含有碳酸钙，会与碳酸饮料中的酸发生化学反应，所以被碳酸饮料浸泡的鸡蛋壳逐渐变脆。	通过实验学生可以深刻认识到碳酸饮料对骨骼和牙齿方面的危害，更加坚定控制碳酸饮料的摄入，选择健康生活的必要。
演示实验	碳酸饮料不仅长期饮用会影响牙齿和骨质健康，它与一些物质混合，会影响饮食中其他营养物质的吸收。牛奶是我们日常生活中摄入钙元素的常用食品，下面我们就来做一个实验：碳酸饮料与牛奶混合。	学生演示：将鲜牛奶倒入可乐瓶中，观察现象。 实验现象：可乐中液体起伏涌动，不断有絮状沉淀产生。 实验结论：碳酸饮料与牛奶会产生化学反应，生成沉淀，不能一起食用。	通过实验，学生能够直观感受到在人体的胃中碳酸饮料与牛奶的反应过程，意识到餐前1小时或餐后1~2小时不能喝碳酸饮料，进一步增强健康意识。
谈感悟	请同学们说说自己的实验感受。	互相交流，畅所欲言。	让学生对碳酸饮料会由原先的朦胧认识或感性认识上升到理性认识中来，进而指导自己的行动，选择健康的生活方式。

二、活动过程展示

活动过程学生成长档案袋见表5-16。

表5-16 成长档案袋

课程名称	化学与生活	授课年级	八年级
授课人	刘老师	授课日期	12月22日
活动课目标	通过自制碳酸饮料认识CO_2的作用,体验分享与合作的快乐,增强团队意识与合作能力。通过实验探究了解糖摄入过多和酸性物质对身体健康的影响,进而控制自己的情绪,选择健康的生活方式。		
课前准备	饮料瓶、凉开水、白糖、小苏打、柠檬酸。		
课堂活动形式	实验活动。		
实验过程	1. 榨好新鲜果汁备用。将柠檬酸、白糖、小苏打分别加适量水溶解。 2. 将柠檬酸溶液与白糖溶解在饮料瓶中混合。倒入果汁。 3. 加入小苏打溶液,迅速把瓶盖儿盖紧。 4. 想更营养还可以加入适量蜂蜜和维生素C。想要清凉的话还可以加几片薄荷叶或者冰镇。		
学生反思	通过动手参与自制碳酸饮料的实验,让学生认识化学与生活密切联系,加强学生对生活中化学的认识。		
教师基于核心素养的评价	培养了设计简单实验的能力,培养了操作技能和探究能力以及不畏失败勇于探索的科学精神。 培养了细致严谨的科学品质,学会从生活中关注生活,学以致用。		

三、活动评价

将实验班学生活动后核心素养评价结果汇总,与实验前评价结果对照,具体见表5-17。

表5-17 实验班学生核心素养评价结果汇总对照表

评价对象:实验班		学生评价人:刘文凭		评价时间:2020.12	
评价指标	评价要素	实验班一年前后对比			
		优秀率		合格率	
		前	后	前	后
科学精神	尊重事实和证据	15%	47%	43%	74%
	具有问题意识	20%	45%	42%	76%
	积极寻求有效的问题解决方法	13%	40%	28%	60%
责任担当	具有团队和规则意识	27%	45%	43%	67%
	了解国情历史和传统	18%	25%	47%	58%
	关注全球性挑战,绿色化学可持续发展	17%	29%	33%	67%

评价对象：实验班		学生评价人：刘文凭			评价时间：2020.12
评价指标	评价要素	实验班一年前后对比			
		优秀率		合格率	
		前	后	前	后
实践创新	具有动手操作能力	18%	43%	32%	64%
	善于提出问题，有解决问题的热情和能力	27%	45%	43%	67%
	能将创意和方案转化为有形物品或对已有	14%	32%	35%	49%
	物品进行改进与优化	10%	33%	32%	60%

四、活动反思

通过探究碳酸饮料对人体健康的危害，不仅学习了气体制取的方法和酸的性质，提高了学生的动手能力和严谨的科学素养，还达到了以下目标：

1）通过课外自主实验配制碳酸饮料，学习气体制取的方法；

2）通过反复实验寻找碳酸饮料的最佳配方，锻炼学生优化设计，体会控制变量的重要性，同时提高学生分析问题，分析比较选择最优方案解决问题的能力；

3）根据寻找到的优化配比配成的自制碳酸饮料，与他人分享，体验成功的喜悦的同时，在展示时，倾听别人学会尊重，在讨论时，有序进行不影响；

4）通过实验探究模拟碳酸饮料与人体中的物质之间的化学反应，以及查阅的实验者为期一个月的实验探究数据对比，了解碳酸饮料对青少年身体健康的影响，了解化学在健康生活方面的价值，树立健康生活的意识，以化学的视角观察世界，审视世界的态度和意识，不盲从、有主见。

本节涉及的实验时间比较长，所以选择学生课外自主实验，观察记录实验现象，课上交流展示的方式。通过课外实验和本节探究学习，学生们认识到过多饮用碳酸饮料对健康不利，号召大家在平时的日常生活中，不能用喝碳酸饮料代替喝水，尽量少喝碳酸饮料，科学饮食保持身体中营养物质的动态平衡，提倡在家中自己制作含维生素的果汁，补充青少年时期身体健康的需要。

教学效果方面可以说出乎意料。青少年好奇心强，有的学生在实验测定碳酸饮料中含糖量时，不仅用了可乐，还用了自己平时常喝的其他饮料做对照实验，比如果汁橙汁、红牛等。有的同学在做碳酸饮料引起钙质流失的实验时，用的是鱼骨或者蛤壳进行实验观察。还有的同学用家中的水果进一步研究了水果氧化实验。学生在教师的引导下真正动了起来，主动获取知识，体验分享与合作的快乐。

参考文献

［1］毕华林，陈勇.初中化学教科书中探究活动的设计分析［J］.化学教学，2004（10）：28-31.

［2］毕华林，卢巍.化学基本观念的内涵及其教学价值［J］.中学化学教学参考，2011（06）：3-6.

［3］毕华林，辛本春.中学化学教材中化学史内容编排的思考［J］.课程.教材.教法，2008（03）：63-65 +82.

［4］蔡文艺，周坤亮.以"核心素养"为中心的课程设计——苏格兰的经验和启示［J］.辽宁教育，2014（13）：87-90.

［5］胡久华，王磊.初中化学教学策略［M］.北京师范大学出版社：2010

［6］姜显光，郑长龙."学科素养为本"的课堂教学特征、挑战及策略义务教育化学课程标准十年实施回顾［J］.教育理论与实践，2017（17）：10-12.

［7］夸美纽斯，傅任敢译.大教学论［M］.人民教育出版社，1984.

［8］林崇德.《21世纪学生发展核心素养研究》［J］.教育科学论坛，2016（20）：24.

［9］刘强，王磊.美国中学化学教材中的微型实验［J］.化学教学，2003（11）：28-31.

［10］卢梭，李平沤译.爱弥儿［M］.商务印书馆，1978.

［11］孙佳林，郑长龙，张诗.素养为本化学课堂教学的即时性评价策略［J］.化学教育（中英文），2019（03）：1-5.

［12］孙佳林，郑长龙.中学化学实验教学发展历程回顾及启示（下）［J］.化学教育（中英文），2008（15）：44-48.

［13］王磊，魏悦.学科核心素养发展导向的高中化学课程内容和学业要求——《普通高中化学课程标准（2017年版）》解读［J］.化学教育（中英文），2018（09）：48-53.

［14］王磊，支瑶.化学学科能力及其表现研究［J］.教育学报，2016（04）：46-56.

［15］王磊.促进学生化学学科能力发展的［J］.中国化学会第30届学术年会，2016.

［16］王磊.基于学生核心素养的化学学科能力研究［M］.北京师范大学出版社，2017

［17］王磊.基于学生核心素养的化学学科能力研究［M］.北京师范大学出版社，

2019.

［18］王磊.体验式教学在高中化学教学中的应用［J］.当代教研论丛，2017（01）：78.

［19］王磊.学科能力构成及其表现研究——基于学习理解、应用实践与迁移创新导向的多维整合模型［J］.教育研究，2016（09）：83-92+125.

［20］王磊.中学化学实验及教学研究［M］.北京师范大学出版社，2009.

［21］王磊.中学化学实验教学探讨［J］.实验教学与仪器，2010（S1）：57-60.

［22］王烨晖，辛涛.国际学生核心素养构建模式的启示［J］.中小学管理，2015（09）：22-25.

［23］魏冰.科学素养：由理念到实践——美国化学课程改革透视［J］.学科教育，2001（01）：46-49.

［24］辛涛，姜宇，王烨辉.基于学生核心素养的课程体系建构［J］.北京师范大学学报（社会科学版），2014（01）：5-11.

［25］闫赤兵.核心素养视域下的小学英语学科实践活动课程设计与实施［M］.外语教学与研究出版社，2020.

［26］张华.论学科核心素养——兼论信息时代的学科教育［J］.华东师范大学学报（教育科学版），2019，37（01）：55-65+166-167.

［27］张华.走向生活·走向创造［J］.中小学管理，2017（12）：1.

［28］郑长龙，孙佳林.“素养为本”的化学课堂教学的设计与实施［J］.课程.教材.教法，2018（04）：71-78.

［29］郑长龙.化学课程与教学新论［M］.长春：东北师大出版社学科教育，2006：68-82.

［30］郑长龙.2017年版普通高中化学课程标准的重大变化及解析［J］.化学教育（中英文），2018（09）：41-47.

后 记

　　自十八大提出的"立德树人"的根本任务后，我国相继出台了"中国学生发展核心素养"和"普通高中各学科核心素养"，旨在把党的教育方针具体化为学生应该具备的核心素养。我们在尝试通过传统的初中化学教学落实"中学学生发展核心素养"和化学学科核心素养时，发现传统的初中化学课堂教学，很难全面落实核心素养。有些核心素养要素无法落实，有些落实不充分、不到位，有些落实有偏差。原因有对核心素养要素内涵认识问题，有教学资源缺乏问题，有学生学习方式不合理问题，也有受课堂教学时空限制等问题。为此，我们希望以课题研究的方式，依据义务教育化学课程标准，根据核心素养的内涵，通过开发一些新的实践性学习课程，转换教学方式，来弥补传统课堂教学在落实核心素养上的一些缺位、欠位和错位问题。从而全面培养和提升学生的核心素养。

　　早在2005年，借助山东教育出版社义务教育教科书《化学》（八、九年级）的修订，增加了以自主实践性学习为主的"单元探究活动"，我们参编了"饮用水调查""从化学视角看食醋"等内容，并利用教研员的工作平台，在区域内进行了这些实践性学习课程的实施。2016年9月，作者作为烟台市初中化学教研员、区级化学教研员，组织区域内学科骨干教师成立初中化学实践性学习实验小组；2017年5月，申请立项了山东省"十三五"规划课题《基于核心素养的初中化学实践性学习课程的开发与实践》，尝试构建"核心素养要素、核心素养目标、化学知识内容、实践性学习活动设计、活动评价"有机统一的课程内部框架体系，组织课题组成员对实践性学习活动从内容、时空、方式等方面进行分类，确立各个子课题，组织起研究团队。各个子课题组设计《学生核心素养情况调查》问卷，调查结果作为课程开发的重要依据，按照课程纲要各要素（包括课程目标、课程内容、课程计划、评价方案等）进行课程的开发。2019年7月，我们的研究项目被确立为"2019年度山东省基础教育教学改革项目"。我们在项目研究过程中定期召开研讨会，交流各子课题的研究进展情况，及时分析并解决出现的问题，同时邀请专家指导，形成一定的方法、策略。

　　历经五年的探索和积累，期间，我们多次调整研究方向、策略和方法，一路走来，可谓备受挫折和煎熬，终于构建了我们自己尚为满意的"指向核心素养的初中化学实践性活动课程体系"。研究实践成效显著，有效改变了初中化学的学习方式与教学模式，有助于学生形成适应终身发展和社会发展的关键能力与必备品格。五年的研究磨炼也促进了课题组教师的专业发展，培养了一批研究型教师，这也是我们研究过程中的意外收获。

这部拙著是我们对这五年实践研究的汇报，也是我们承担的两个省级研究项目：山东省教育科学"十三五"规划课题《基于核心素养的初中化学实践性学习活动课程的开发与实践研究》（课题批准号：YC2017130）、2019年度山东省基础教育教学改革项目"基于核心素养的初中化学实践性学习课程的开发与实践"（项目序号：3706041）的核心研究成果。

本专著可以为我们区域内初中化学学科落实核心素养目标提供理论依据和实践指导。一是形成核心主张：实践性学习活动更具有主体性、体验性、综合性等特点，对许多核心素养的培养和提升有独特的作用，能弥补"以教师为中心、课堂为中心、书本为中心"教学在核心素养培养和提升上的缺位、欠位、错位问题。二是发展核心素养的内涵和外延：中国学生发展核心素养是顶层设计，化学学科核心素养是具体的、有化学学科特质的学生必备科学素养。学生发展核心素养和化学学科核心素养内容上有交叉，但它们最终目标都指向立德树人。三是构建指向核心素养的课程框架体系：构建了"核心素养要素、核心素养目标、化学知识内容、活动设计（建议）、活动评价"有机统一的课程内部框架体系，保证了课程开发和实践中教学目标、内容、实施、评价的一致性，从而确保核心素养的发展和提升的均衡性、全面性。四是开发多种类型的系列化实践性活动课程：指向核心素养的初中化学史主题实践性课程、指向核心素养的初中化学课堂探究主题实践性课程、指向核心素养的初中化学课外实验主题实践性课程、指向核心素养的初中化学社会实践主题实践性课程。

课题研究过程中遇到了很多困难，但期间得到了烟台市教育科学研究院的领导和同事的关心、指导和帮助，也得到了实验学校的校长、领导的支持和帮助。在此，向各位领导表示衷心的感激之情！

特别感谢山东省教科院的卢巍教师，她是国内有名的学科专家，治学严谨，专业功底深厚，也是我仰慕的姐姐般的领导和专家，为我们的课题研究提供了很多指导和帮助，给我们课题组成员提供了很多学习机会。

感谢课题组宗绪涛、马维娟、栾书鹏、郭政、宋佳、曲海霞、张永华、魏晓燕等成员，他们在整个研究过程中积极参与、费心费力，在书稿的组稿过程中献计献策，提出来很多宝贵意见。

阈于我们水平所限，本书一定存在许多尚未发现的问题和缺憾，敬请专家、同行和广大一线教师提出宝贵的意见，您的批评指正，会促使我们不断完善和进步。我们将随着新的形势变化继续完善、创新和发展我们的研究，构建开放而充满活力的指向核心素养的初中化学学科教学，从而完成在学科教学中落实核心素养，落实立德树人的首要任务。

作者

2021年9月